Les corvées sous l'Ancien régime

Marine Gransagne

Les corvées sous l'Ancien régime

Éditions universitaires européennes

Impressum / Mentions légales
Bibliografische Information der Deutschen Nationalbibliothek: Die Deutsche Nationalbibliothek verzeichnet diese Publikation in der Deutschen Nationalbibliografie; detaillierte bibliografische Daten sind im Internet über http://dnb.d-nb.de abrufbar.
Alle in diesem Buch genannten Marken und Produktnamen unterliegen warenzeichen-, marken- oder patentrechtlichem Schutz bzw. sind Warenzeichen oder eingetragene Warenzeichen der jeweiligen Inhaber. Die Wiedergabe von Marken, Produktnamen, Gebrauchsnamen, Handelsnamen, Warenbezeichnungen u.s.w. in diesem Werk berechtigt auch ohne besondere Kennzeichnung nicht zu der Annahme, dass solche Namen im Sinne der Warenzeichen- und Markenschutzgesetzgebung als frei zu betrachten wären und daher von jedermann benutzt werden dürften.

Information bibliographique publiée par la Deutsche Nationalbibliothek: La Deutsche Nationalbibliothek inscrit cette publication à la Deutsche Nationalbibliografie; des données bibliographiques détaillées sont disponibles sur internet à l'adresse http://dnb.d-nb.de.
Toutes marques et noms de produits mentionnés dans ce livre demeurent sous la protection des marques, des marques déposées et des brevets, et sont des marques ou des marques déposées de leurs détenteurs respectifs. L'utilisation des marques, noms de produits, noms communs, noms commerciaux, descriptions de produits, etc, même sans qu'ils soient mentionnés de façon particulière dans ce livre ne signifie en aucune façon que ces noms peuvent être utilisés sans restriction à l'égard de la législation pour la protection des marques et des marques déposées et pourraient donc être utilisés par quiconque.

Coverbild / Photo de couverture: www.ingimage.com

Verlag / Editeur:
Éditions universitaires européennes
ist ein Imprint der / est une marque déposée de
OmniScriptum GmbH & Co. KG
Heinrich-Böcking-Str. 6-8, 66121 Saarbrücken, Deutschland / Allemagne
Email: info@editions-ue.com

Herstellung: siehe letzte Seite /
Impression: voir la dernière page
ISBN: 978-3-8416-6181-4

Sommaire

LISTE DES ABRÉVIATIONS

cf.   Confere
CNRS   Centre national de la recherche scientifique
DEA   Diplôme d'études approfondies
éd.   Édition
impr.   Imprimerie
p.   Page
pp.   Pages
§ Paragraphe
sous dir. Sous la direction de

INTRODUCTION

Corvée : « Voilà encore un mot qui a le don d'irriter nos modernes critiques » affirmait Xavier Lévrier en 1910 [1]. Un siècle plus tard, le mot corvée a toujours une connotation péjorative, et sert à désigner un « travail pénible ou rebutant imposé à quelqu'un » ou une « tâche d'intérêt commun exécutée à tour de rôle par les membres d'une communauté » [2].

Dans l'imaginaire collectif, la corvée accable le paysan et est le symbole d'un régime fondé sur les inégalités entre les trois ordres, au détriment du tiers état et au profit de grands seigneurs privilégiés. « En France, la « corvée » a longtemps nourri le mythe et l'imagerie du paysan exploité par son seigneur » [3]. Le terme corvée renvoie aussi à l'idée d'un homme taillable et corvéable à merci, c'est-à-dire selon la volonté du seigneur. Et le droit de corvées serait « le plus abhorré des droits seigneuriaux » [4]. Que cette affirmation soit vraie ou fausse, il est certain que le droit de corvées est l'un des plus critiqués au siècle des Lumières, en raison notamment des abus qui ont pu être commis. Mais il n'est pas question ici de porter un quelconque jugement de valeur, ni d'adopter une démarche sociologique ou anthropologique. L'étude des corvées se fera sous un angle purement juridique, et pour ce faire il convient de commencer par rechercher l'étymologie du terme de corvée avant d'essayer de le définir.

Selon les différentes étymologies retenues, le terme de corvée viendrait de *curvando* (en se courbant) ce qui aurait donné *corvata* ou *corvada*, terme par lequel les Romains désignaient la corvée ; ou de cor et vée, qui pourraient se traduire par peine et travail[5] ; ou encore de *corrogata*, qui est en latin le « participe passé adjectivé au féminin de *corrogare* » [6] qui signifie solliciter, inviter. L'origine du terme de corvée n'est pas certaine, et quelle qu'elle soit, l'idée est que la corvée est un travail pénible, sollicité par un seigneur, pour lequel il faut se courber.

L'étymologie donne déjà un premier aperçu de ce que sont les corvées. Pour Denisart, procureur au Châtelet, « on entend par corvées un ouvrage forcé fait sans récompense » [7]. La corvée se distingue donc d'un quelconque travail par l'absence de contrepartie (qu'elle soit financière ou en nature) et par l'obligation qu'a le corvéable de l'exécuter. On retrouve d'ailleurs ces deux éléments caractéristiques dans la conception moderne de la corvée, bien qu'aujourd'hui la corvée ne soit généralement pas imposée par une tierce personne mais relève plutôt d'une contrainte intérieure. Denisart poursuit en distinguant les corvées

1   X. Lévrier, *Les préjugés sur l'ancien régime. Les impôts, la dîme, les corvées*, Deuxième brochure, Impr. coopérative, Bordeaux, 1910, p. 29.

2   *Petit Larousse illustré 2013*, v° corvée.

3   G. Brunel, « La France des corvées. Vocabulaire et piste de recherche » in *Pour une anthropologie du prélèvement seigneurial dans les campagnes médiévales : XI-XIVe siècles*, Paris, Publications de la Sorbonne, 2004, p. 271.

4   J. Ramière de Fortanier, *Les droits seigneuriaux dans la sénéchaussée et comté de Lauragais (1553-1789) : étude juridique et historique*, Toulouse, Marqueste, 1932, p. 53.

5   Voir en ce sens C.-J. de Ferrière, *Dictionnaire de droit et de pratique*, éd. 1771, Tome I, p. 413 ; N.-A. Boullanger, *Œuvres de Boullanger*, Paris, Chez J. Servières et J. -F. Bastien, 1792, Tome VII, p 6.

6   A. Rey (sous dir.), *Dictionnaire historique de la langue française*, Paris, Le Robert, 2012, Tome I, v° corvée, p. 862.

7   J.-B. Denisart, *Collection de décisions nouvelles et de notions relatives à la jurisprudence*, Paris, chez la veuve Desaint, 1786, Tome V, p. 618.

royales des corvées seigneuriales. Les premières sont « exigées par le roi pour la construction et la réparation des chemins ou pour d'autres ouvrages publics » alors que les secondes sont dues « ou à des seigneurs ou à de simples particuliers » [8]. Il existe donc une première différence quant à la personne qui peut exiger la corvée : soit le roi, soit des particuliers. Pour aller plus loin, la définition indique aussi implicitement à qui bénéficie la corvée : la corvée royale est exécutée, si ce n'est dans l'intérêt général, tout du moins au profit de la communauté puisque la population peut profiter des ouvrages (routes, ponts, etc) ainsi construits. A l'inverse, la corvée seigneuriale n'est faite qu'au profit du seigneur.

Plus précisément, ces deux sortes de corvées ne répondent pas à la même logique : la corvée royale, apparue dans les derniers temps de la monarchie, et qui se développe surtout pendant le règne de Louis XV [9], « n'a d'autre base que celle de l'autorité » [10] selon l'abbé de la Galaisière. Certains ont pu affirmer que le roi pouvait demander des corvées dans le domaine royal, à l'image des seigneurs dans leurs terres. Les corvées royales seraient donc une forme de corvée seigneuriale, le seigneur étant le roi ; mais force est de constater qu'il s'agit d'une imposition (en nature), abolie par Turgot en 1776 qui la remplace par une contribution financière (qui pèse sur les propriétaires fonciers). D'ailleurs, l'édit parle lui-même d'impôt : « Prendre le temps du laboureur, même en le payant, serait l'équivalent d'un impôt ; prendre son temps sans le payer, est un double impôt » [11]. Ainsi, les corvées royales ou de grands chemins relèvent plutôt de l'étude des institutions publiques, puisqu'elles correspondent à ce que l'on considère aujourd'hui comme une prérogative de puissance publique. De nombreux ouvrages leur ont été consacrés, mais il n'en va pas de même des corvées seigneuriales, relativement délaissées par les auteurs contemporains, à part peut-être pour ce qui concerne le Moyen Age, apogée de leur usage.

Historiquement, il est difficile de dater l'origine de l'utilisation des corvées. La doctrine s'accorde à invoquer le droit romain pour justifier leur utilisation en France : « L'origine des corvées en France vient des lois romaines, que les Francs trouvèrent établies dans les Gaules, lorsqu'ils en firent la conquête » [12]. Pourtant, cette affirmation est critiquable et il est peu probable que les corvées, telles qu'elles sont pratiquées dans le royaume de France dès le Moyen Age, soient les héritières du système romain.

A Rome, les corvées correspondaient à deux logiques différentes : il pouvait s'agir de corvées réalisées pour les travaux publics, ou de l'obligation faite aux esclaves affranchis d'exécuter des corvées au profit de leur ancien maitre. Les premières sont des « charges publiques appelées tantôt *munus publicum*, tantôt *onus* et aussi *obsequia*, c'est-à-dire devoirs, par où l'on désignait tous les travaux publics » [13]. Ces corvées correspondent donc aux corvées royales, qui ne font pas l'objet de ces développements.

8   *Ibid.*

9   Voir en ce sens G. Cabourdin, G. Viard, *Lexique historique de la France d'Ancien Régime*, Paris, Armand Colin, 2012, 3e édition, p. 89.

10 A. Chaumont de la Galaisière, *Mémoire sur les corvées,* [S. l.] [s. n.], 1785, p. 5.

11 *Edit du Roi, par lequel Sa Majesté supprime les corvées, et ordonne la confection des grandes routes à prix d'argent*, Paris, chez P. G. Simon, 1776, p. 1.

12 N.-A. Boullanger, *op. cit.*, p. 6.

13 *Ibid.* p. 5.

Pour ce qui est des corvées particulières, appelées *operae libertorum*, elles étaient distinguées en *officiales* et en *fabriles* (ou *artificiales*). Les *operae officiales* consistaient en des devoirs dus au patron et les *operae artificiales* ou *fabriles* consistaient plutôt en la réalisation d'ouvrages particuliers [14]. Elles sont la contrepartie de la liberté accordée aux esclaves affranchis et illustrent un lien qui subsiste avec l'ancien maître. Ces deux types de corvées avaient chacune leurs règles propres et des règles communes, tout en sachant que les corvées n'étaient pas forcément très usitées à Rome en raison de l'importance de l'esclavage.

On retrouve des corvées qui se rapprochent de ces corvées romaines dans les pays de droit romain. Par ailleurs, les corvées imposées aux gens de mainmorte sous l'Ancien Régime se rapprochent également des corvées particulières romaines, en ce qu'elles sont imposées à des personnes en raison de leur qualité. Les mainmortables ou mortaillables ne sont pas des gens de condition libre, sans être des esclaves (l'esclavage étant interdit sur le territoire métropolitain). Ce sont des personnes de condition servile, soumises à la taille et à la corvée en raison de leur état, qu'ils soient mainmortables par leur naissance ou à cause de leurs terres (si la terre est servile, le tenancier le sera également). La mainmorte, abolie dans le domaine royal par un édit de 1779, persiste dans le ressort de certaines coutumes, comme celle de Nivernais[15], ainsi que dans le Sud et l'Est de la France. Cette mainmorte, qui permet d'exiger des corvées des personnes qui y sont soumises, n'entre pas dans l'objet de cette étude puisqu'elles ne correspondent pas à la logique des corvées seigneuriales.

L'origine latine des corvées ne vaut donc que pour les pays de droit romain de tradition écrite, et certainement pour la mainmorte, et n'est que très peu probable dans les pays de tradition coutumière. En effet, pour ce qui est des corvées seigneuriales à proprement parler, « il semble que les régions les plus marquées par l'implantation des systèmes de corvées sont soit le nord de la Loire, soit des régions moins romanisées que d'autres parties de la Gaule », selon Emmanuel Sordet [16]. Encore faut-il distinguer géographiquement ces différentes traditions.

Généralement, et schématiquement, on considère que le droit écrit règne dans le Sud de la France, alors que la coutume domine dans le Nord. Cette affirmation est plutôt vraie : il existe des coutumes à Paris, Orléans, en Bretagne et en Normandie, dans le Nivernais, ainsi qu'en Poitou, dans la région de La Rochelle et à Saint Jean d'Angély, à Angoulême, puis plus à l'Est dans l'actuel nord du Limousin (La Marche) et la Haute-Auvergne, le Bourbonnais, une partie de la Franche-Comté et de la Bourgogne. A l'inverse, le Midi connait une tradition de droit écrit : le droit romain s'applique dans le Bordelais, le Périgord, la Gascogne, le Languedoc, la Provence et le Dauphiné, ainsi que dans le Lyonnais et la Bresse. Pour autant, il existe par exception des coutumes dans certaines régions de tradition écrite ainsi que des enclaves de droit écrit dans des régions coutumières [17]. Si on laisse de côté ces rares exceptions, l'étude des corvées seigneuriales ne concerne donc que la région

---

14 Voir en ce sens *Encyclopédie méthodique*, Liège, Panckoucke, 1783, Tome III, p. 347. ; N.-A. Boullanger, *op. cit.*, pp. 2-3.

15 G. Coquille, *Coutume de Nivernais par Guy Coquille*, Paris, Henri Plon, 1864, p. 215.

16 E. Sordet, *Les corvées dans l'agriculture française du Moyen Age à la Révolution*, 94 p., mémoire de DEA : histoire du droit, Université de Paris II Panthéon-Assas, Paris, 1994, p.18.

Orléano-parisienne et tout le Nord du royaume de France (tout en sachant que l'Alsace, la Franche-Comté, l'Artois, Le Hainaut et une partie des Flandres ne sont rattachés à la France que sous Louis XIV, et la Lorraine et la Corse qu'au XVIIIe siècle).

Puisque les corvées seigneuriales qui existent dans les pays de droit coutumier ne proviennent très probablement pas du droit romain, reste à déterminer qu'elle peut être leur origine. Il faut pour cela remonter à l'époque carolingienne. Le territoire est alors morcelé en plusieurs royaumes à la suite du traité de Verdun de 843, et au sein de chaque royaume les seigneurs se partagent les terres. Chaque seigneur a ainsi un domaine appelé villa qui est composé de la réserve et de tenures[18]. La réserve bénéficie au seigneur ou maître alors que les tenures ou manses sont concédées à des tenanciers, qui peuvent être des hommes libres ou de condition servile, pour qu'ils les exploitent. C'est pourquoi ces sortes de corvées découlent du droit de propriété : la concession de la terre oblige le bénéficiaire à en payer la contrepartie. Et dans un royaume où la monnaie est loin d'être généralisée et où, de toute façon, les paysans sont pauvres, la contrepartie se fait en nature plutôt qu'en argent.

Contrairement à ce que certains auteurs ont pu affirmer, les corvées ne découlent donc pas, à l'origine, du pouvoir de ban qui appartient au roi et qui aurait été usurpé par les seigneurs. « Les prérogatives des sires ne découlent nullement d'une concession originelle de puissance publique et même pas non plus, au départ au moins, d'une usurpation. Elles seraient très directement liées aux seuls attributs de la propriété foncière que les propriétaires de grands domaines eurent tendance à accroitre en raison de la carence du pouvoir central »[19]. Concrètement, les seigneurs ont utilisé la concession de terres pour asseoir leur pouvoir et se créer un faisceau de vassaux, soumis à leur autorité ; d'autant plus que le pouvoir royal est faible. L'usurpation touche donc plutôt la quantité de corvées imposées. Les propriétaires de domaines ont pu alourdir les charges pesant sur les corvéables à leur gré, ce qui ne signifie pas pour autant qu'ils ont fondamentalement usurpé leur droit. Finalement, les seigneurs n'ont fait qu'exercer des prérogatives dont ils disposent sur leurs terres, qu' ils sont libres de concéder contre une redevance.

En revanche, certaines corvées ont été imposées aux habitants de la seigneurie du seul fait de leur résidence. Dans ce cas, les corvées pourraient éventuellement découler du pouvoir de ban du seigneur puisque les habitants sont corvéables non pas en raison de terres que le seigneur leur aurait concédées, mais du seul fait qu'ils habitent sur des fonds lui appartenant. Or, puisque ces habitants résident dans la seigneurie, ils relèvent du pouvoir de ban du seigneur ; c'est-à-dire qu'ils relèvent de son pouvoir de justice. Mais alors les habitants devraient doublement des corvées : en raison des terres qu'ils cultivent et en raison de leur résidence. Ces deux types de corvées correspondent à la distinction classique entre les corvées réelles et les corvées personnelles, les premières étant celles dues en raison de la concession d'un fonds, et les secondes celles dues en raison de la résidence dans la

---

17 Sur cette répartition entre droit écrit et droit coutumier, voir P. Ourliac, J. -L. Gazzaniga, *Histoire du droit privé : de l'An mil au Code civil*, Paris, Albin Michel, 1985, p. 80.

18 Voir en ce sens A. Rigaudière, *Histoire du droit et des institutions de la France médiévale et moderne*, Paris, Economica, 2010, 4e éd., p. 105.

19 P. Ourliac, J. -L. Gazzaniga, *op. cit.*, p. 160.

seigneurie. On retrouve cette distinction notamment en Espagne, surtout pour la Castille et Léon, ainsi qu'en Italie [20]. Les corvées mixtes seraient dues à la fois en raison de la personne et de la terre, mais cette troisième catégorie n'est pas retenue par tous les auteurs. Par exemple, le Président Bouhier affirme que « dans notre jurisprudence on n'en admet point de telles » [21].

Une autre hypothèse serait que les corvées personnelles proviennent de l'affranchissement de serfs qui, une fois devenus libres, ont dû exécuter des corvées contre leur liberté. Puis la condition servile, attachée au départ aux personnes, serait passée à la terre. Et les corvées seraient alors dues en raison de la nature servile de la terre. Cette deuxième hypothèse rejoint le système de mainmorte. Il n'est pas possible d'exclure totalement cette solution, ni d'exclure celle qui se fonde sur le pouvoir de ban, mais il existe une troisième hypothèse.

Cette troisième et dernière hypothèse est liée là encore au droit de propriété : les corvées dues en raison de la résidence des habitants dans la seigneurie découleraient, bien qu'indirectement, de la terre, même si celle-ci ne serait pas nécessairement concédée par le seigneur mais seulement mise à la disposition des habitants. Il pourrait alors s'agir d'une autre manière d'exercer le droit de propriété : sans faire d'anachronisme, cette situation ressemble à une location de terres contre un loyer, qui prend la forme de corvées.

Il est délicat de trancher cette question, et la solution, qui reste incertaine, se trouve probablement à la jonction des différentes hypothèses : la corvée est imposée en raison de la qualité de la personne mais aussi du fait qu'elle réside sur des terres appartenant au seigneur et sur lesquelles il a un droit de propriété et de justice. D'ailleurs, la propriété et la justice sont des prérogatives intimement liées, qui se rejoignent dans les droits de fief.

En effet, quelle que soit son origine, le droit de corvées a été petit à petit intégré au système féodal, et est donc devenu un droit seigneurial de fief, appartenant à tout seigneur sur ses terres, et plus précisément un droit seigneurial utile (en opposition aux droits honorifiques). D'où la difficulté de distinguer l'origine véritable des corvées :

> « La complexité de l'exemple français vient de la conjonction de la propriété et de la seigneurie féodale. Si la féodalité n'est pas issue du régime domanial, elle en subit l'influence et en prend les apparences. Il est difficile, s'agissant souvent du même dominus, de distinguer les redevances ou les corvées dues par l'exploitation de la terre au propriétaire – on parle alors de seigneur foncier -, les cens ou services payés au seigneur justicier, détenteur de la justice et du ban et les divers tribus imposés à raison de la condition personnelle du tenancier » [22].

Cette complexité n'a pas empêché les corvées de se développer, certes « de façon quelque peu anarchique. Ainsi, selon les époques ont-elles connu un développement important entre les Xème et XIIème siècles pour régresser momentanément à la fin du XIIème et reprendre un essor important par la suite » [23]. Le recul puis le nouvel essor des corvées peuvent s'expliquer par divers facteurs, notamment le développement de nouvelles

20 M. Bourin , P. Martinez Sopena (sous dir.), *Pour une anthropologie du prélèvement seigneurial dans les campagnes médiévales : XI-XIVe siècles*, Paris, Publications de la Sorbonne, 2004, p. 297 et 366.

21 J. Bouhier, *Les coutumes du duché de Bourgogne*, Dijon, P. Desaint, 1746, Tome II, p. 328.

22. P. Ourliac, J. -L. Gazzaniga, *op. cit.*, p. 221.

23 E. Sordet, *op. cit.*, p.5.

techniques agricoles, l'abandon par les seigneurs de certaines terres peu fertiles, mais également par les guerres, dont la guerre de Cent Ans. Les campagnes sont ravagées, les maladies se propagent, et les corvées ne sont pas une priorité dans un royaume dévasté. En période de paix, les corvées sont à nouveau exigées avec plus de rigueur.

Pourtant, sous l'Ancien Régime, le royaume connait une paix relative mais les corvées sont peu exigées, même si elles restent importantes dans certaines régions (par exemple en Poitou [24]). L'Ancien Régime, appelé aussi époque moderne ou temps modernes, commence avec la fin du Moyen Age. Il serait vain et inutile d'essayer de dater avec précision la fin du Moyen Age et donc le début de l'époque moderne. Autant il existe une césure radicale en 1789 avec les évènements révolutionnaires, autant il n'y a pas de césure nette entre le Moyen Age et l'Ancien Régime ; et d'ailleurs ce dernier terme n'a été utilisé qu'a posteriori par les révolutionnaires pour désigner une époque révolue. Les auteurs contemporains ne s'accordent pas sur le début de cet Ancien Régime : il est en effet possible de le faire commencer dès le XVe siècle, mais il est aussi possible de ne retenir comme point de départ que le XVIe siècle (notamment avec le règne de François Ier, premier grand roi de la Renaissance). En fait, l'Ancien Régime se caractérise par une monarchie de droit divin qui s'affermit et qui devient à la fois absolue et administrative. Ces caractéristiques se sont progressivement mises en place, et ne permettent de caractériser cette période de modernité que du point de vue des institutions publiques. Concernant les corvées, leur étude s'avère plus facile à partir de la rédaction des coutumes. C'est cette rédaction qui va permettre une meilleure connaissance du droit et plus particulièrement, en l'occurrence, des dispositions relatives aux corvées.

Les coutumes vont être rédigées à partir du XVe siècle suite à l'ordonnance de Montils-Lez-Tours (1454). La lourdeur de la procédure entrainera l'échec de la rédaction (seules quelques coutumes seront rédigées) qui ne fut un succès qu'après la simplification de cette procédure en 1499 par Charles VIII. De nombreuses coutumes furent alors rédigées, principalement celles d'Orléans en 1509 et de Paris en 1510. Ce début de XVIème siècle ne semble pourtant pas être le meilleur point de départ pour l'étude des corvées à l'époque moderne puisque les coutumes furent réformées peu de temps après. Il y eut en effet une vague de réformation pour combler les lacunes des premières rédactions et tenter une homogénéisation du droit coutumier, à la fin du XVIème siècle. La coutume de Paris fut ainsi réformée en 1580 et devint, avec la coutume d'Orléans, le droit commun coutumier comme l'atteste l'ouvrage *Le droit commun de La France et la coutume de Paris réduits en principes* écrit par F. Bourjon en 1747. Le droit n'est pas unifié : chaque coutume s'applique dans son territoire, tout en sachant que les coutumes conformes au droit commun coutumier recevront une large application alors que les coutumes considérées comme odieuses seront le plus possible restreintes. Et c'est seulement en cas de silence sur une question qu'on fera appel au droit commun coutumier pour y suppléer. Pour ce qui est des corvées, la plupart des coutumes contiennent des dispositions qui leur sont relatives donc ce n'est que subsidiairement que s'appliquera le droit commun coutumier, et uniquement sur les points

---

24 M. -L. Autexier, *Les droits féodaux et les droits seigneuriaux en Poitou de 1559 à 1789*, 289 p., Thèse de doctorat, Droit, Poitiers, Impr. Lussaud, Fontenay-Le-Comte, 1947, p. 82.

non traités par les autres coutumes. Ces points pourront également être éclaircis par l'abondante doctrine et éventuellement la jurisprudence des parlements.

Les coutumes, la doctrine et le jurisprudence reprennent d'ailleurs les distinctions traditionnelles entre corvées royales et seigneuriales, et entre corvées réelles et personnelles ; mais il existe d'autres distinctions, dont celle qui repose sur le mode d'exécution : on distingue les corvées d'animaux des corvées à bras, des corvées de charroi et des corvées de corps. Et les corvées peuvent prendre des formes très variées : il peut s'agir de labourer les terres, moissonner, vendanger, faucher, transporter du bois...etc. Ces distinctions pratiques, qui feront l'objet de développements ultérieurs [25], rejoignent les différences de vocabulaire qui existent selon les régions et les coutumes.

En effet, le terme de corvées est un terme générique, utilisé pour faciliter la compréhension. Concrètement, il existe plusieurs dénominations selon les coutumes : certaines emploient le terme commun de « corvées » (comme les coutume de Paris, d'Orléans, de Nivernais...) alors que d'autres utilisent le terme de « courroc » (Comté de Lauragais), « bians » (coutume de Poitou, d'Anjou, de la Marche ou encore en Saintonge) sans oublier « arbans » dans la coutume de la Marche, ainsi que « bohade » ou « vinade ». Selon le terme employé, la corvée ne consiste pas toujours dans le même ouvrage et dans le même mode d'exécution, mais cela ne change en rien le fond du droit.

D'ailleurs, quel est ce fond du droit ? Quelles sont les règles applicables aux corvées ? Comment sont-elles encadrées par les coutumes ? En fin de compte, quel est le régime juridique des corvées ? Pour répondre à ces questions, deux voies complémentaires peuvent être empruntées : tout d'abord, la première consiste à s'interroger sur les conditions auxquelles les corvées peuvent être exigées. Il existe effectivement certaines conditions d'exigibilité qui doivent être préalablement remplies pour que les corvées puissent valablement être demandées (Première partie). Une fois ces conditions remplies, la deuxième voie consiste à s'interroger sur la réalisation pratique des corvées, c'est-à-dire sur leurs modalités d'exécution (Deuxième partie).

---

25 Cf. *infra* pp. 42-44.

Partie I.

Les conditions d'exigibilité des corvées

Le droit de corvées, malgré certaines idées reçues, ne peut être exercé à n'importe quelles conditions. En effet, les nombreuses coutumes du royaume de France encadrent pour la plupart son exercice, plus ou moins strictement et avec plus ou moins de précision. Les coutumes étant rédigées sous l'Ancien Régime, il suffit de se référer aux compilations pour dégager les conditions d'exigibilité du droit de corvées, ainsi qu'aux commentateurs de ces coutumes. Il est ainsi possible de constater des exigences communes à la majorité des coutumes, même si certaines d'entre elles prévoient des dispositions divergentes. Parfois, il faudra se référer au droit commun coutumier pour régler certains points non traités par les autres coutumes.

Tout d'abord, comme pour n'importe quel droit, son titulaire doit être fondé à l'exiger, d'où des conditions relatives au fondement et à la preuve du droit de corvées (chapitre 1). Ce titulaire du droit de corvées est nécessairement le seigneur fondé à exiger les corvées des seules personnes corvéables (chapitre 2). Et si le seigneur est bien fondé à demander des corvées aux corvéables, encore faut-il qu'il respecte certaines exigences relatives à la demande en elle-même (chapitre 3).

Chapitre I.

Fondement et preuve du droit de corvées

Parmi les conditions d'exigibilité du droit de corvées, la première et la plus fondamentale est sans nul doute la condition tenant au fondement et à la preuve. La première difficulté consiste à savoir à quelles conditions le seigneur est fondé à exiger les corvées et comment il peut prouver son droit. Le droit de corvées étant classé par la doctrine parmi les droits seigneuriaux extraordinaires, la seule évocation des corvées dans une coutume ne suffit pas pour que le seigneur puisse en exiger l'application. Il faut nécessairement qu'il se fonde sur un titre valable (section 1), ou subsidiairement sur d'autres modes de preuve communément admis (section 2). Une fois qu'il a été établi que le seigneur est dans son bon droit en exigeant des corvées, encore faut-il que celles-ci ne soient pas prescrites (section 3).

Section I.
L'exigence d'un titre valable

Pour éviter les abus qui pourraient être commis (et qui le sont parfois) par les seigneurs dans l'exercice de leur droit, des ordonnances royales sont intervenues pour interdire aux seigneurs de demander des corvées sans être fondés à les exiger, mais elles restent muettes quant à la preuve que le seigneur doit produire. La coutume de Paris (ainsi que celle d'Orléans) contient une disposition relative à cette preuve. En fait, le seigneur dispose de plusieurs modes de preuve : il peut se fonder sur un titre constitutif ancien (§ 1) ou sur un aveu et dénombrement (§ 2).

§ 1. Un titre constitutif ancien

L'ordonnance de Blois de 1579 exclut que les seigneurs puissent commettre des « exactions indues par forme de taille, aides, crues, ou autrement, et sous quelque couleur que ce soit ou puisse être » (article 280) [26]. Les sujets du roi de France ne doivent être « opprimés par la puissance et la violence des seigneurs, gentilshommes et autres : auxquels défendons les intimer, menacer ou excéder par eux [...] ainsi se comporter envers eux modérément, poursuivre leurs droits par les voies ordinaires de justice, sur peine d'être déclarés ignobles, roturiers et privés à jamais des droits qu'ils pourraient prétendre sur leursdits sujets » (article 283) [27].

---

[26] Ordonnance de Blois, *Recueil des anciennes lois françaises, depuis l'an 420, jusqu'à la révolution de 1789*, Paris, Plon Frères, [s.d.], Tome XIV, p. 443.

[27] *Ibid.*

– 15 –

Cette ordonnance reprend *in fine* ce que prévoyait l'ordonnance d'Orléans de 1560. Le seigneur doit donc justifier son droit de corvées par un titre, et c'est la coutume de Paris qui précise la nature de ce titre.

L'article 71 de la coutume parisienne prévoit que « Nul seigneur ne peut contraindre ses sujets d'aller au four, ou moulin, qu'il prétend bannal, ou faire corvées, s'il n'en a titre valable ou aveu et dénombrement ancien ; et n'est réputé titre valable, s'il n'est auparavant vingt-cinq ans ». Ainsi, la première preuve admise est un titre ancien.

Ce titre doit tout d'abord être valable. Selon Henrion de Pansey, auteur de l'article « corvée » dans le célèbre Répertoire de Guyot, il doit s'agir d'un titre constitutif (instituant par lui-même le droit de corvées) qui n' a pas été anéanti par un titre postérieur et qui ne doit pas être contredit par la possession [28]. Et comme pour n'importe quel titre, il doit avoir une juste cause, comme par exemple la concession d'un fonds. La cause réside donc dans une contrepartie : les corvées exigées dans le titre le sont essentiellement en contrepartie de la liberté (affranchissement des serfs) ou de la concession d'une terre (pour ce qui est des corvées réelles). Les corvées ne peuvent donc pas être exigées *ex nihilo*.

Ensuite, la deuxième exigence réside dans l'ancienneté du titre. La coutume de Paris indique une ancienneté de vingt-cinq ans, mais à partir de quelle date ? Selon Hervé, le titre doit remonter à vingt-cinq ans et ce à partir de la réformation de la coutume, c'est-à-dire 1580 pour celle de Paris [29]. Les auteurs s'accordent sur les raisons de cette exigence. « Les commissaires chargés de cette réformation regardèrent comme suspects, les titres qui auraient été souscrits pendant les troubles de la ligue […]. Un seigneur eût pu, très facilement alors, extorquer des titres à ses hommes, et les mettre à discrétion » [30]. Chabrol va lui aussi dans ce sens : « les vingt-cinq années immédiates, et surtout les vingt dernières, avaient été un temps de trouble, de dissensions et de guerre, où il avait été facile aux uns de se faire des titres, et difficile aux autres de les contredire ou de s'y opposer » [31]. Pour autant, le titre postérieur à 1580 est valable même s'il n'a pas encore vingt-cinq ans, car comme le fait remarquer Henrion de Pansey, l'article 71 est rédigé au présent (« n'est réputé ») ce qui signifie qu'au moment de la rédaction de la coutume le titre antérieur doit avoir au moins vingt-cinq ans. L'ancienneté ne s'applique donc pas aux titres postérieurs.

L'article 100 de la coutume d'Orléans reprend les dispositions de la coutume de Paris, mais la plupart des coutumes ne prévoient aucune disposition en l'occurrence. Pour combler ce silence, la coutume de Paris fait office de droit commun coutumier. Par conséquent, si la coutume applicable ne dit rien quant au titre exigé, il faut se référer à l'article 71 de la coutume de Paris et exiger un titre constitutif ancien. Et s'il n'y a pas de titre constitutif ancien, le seigneur peut se fonder sur un aveu et dénombrement.

---

28 *Répertoire universel et raisonné de jurisprudence*, Paris, 1784, T. V, *t°* corvée, pp. 104-105 ; cf *infra* p. 21.

29 F. Hervé, *Traité des matières féodales et censuelles*, Knapen et Fils, Paris, 1786, Tome V, p. 445.

30 *Ibid.*

31 G.-M. Chabrol, *Coutumes générales et locales de la province d'Auvergne*, M. Dégoutte, Riom, 1784, Tome III, p. 459.

La coutume de Paris prévoit, en l'absence de titre, la possibilité de se fonder sur un aveu et dénombrement ancien. L'aveu et dénombrement est un document indiquant entre autres les corvées dues par le tenancier à son seigneur. Ici, il n'y a aucune indication quant à l'ancienneté que doit posséder l'aveu et dénombrement. Dans le silence de la coutume, les auteurs, à l'instar d'Hervé, considèrent que « l'opinion la plus commune, est qu'il doit avoir cent ans » [32]. Mais ce n'est là qu'une opinion répandue, et la solution pourrait dépendre du cas d'espèce, comme le pense Dumoulin : « Les limites ne sont point déterminées par le droit » et elles « dépendent des faits et des circonstances particulières, je conclus qu'il faut laisser à la prudence du juge, le soin de les fixer » [33] ; tout en sachant que si l'on exige cent ans, la preuve sera on ne peut plus difficile à rapporter. Certains estiment que trente ans ou quarante ans suffisent, mais en l'absence de disposition expresse, il faut en conclure « qu'il reste une très grande incertitude, sur ce qu'on doit appeler dénombrement ancien » [34].

La coutume d'Orléans prévoit quant à elle un « aveu ancien qui soit au-dessus de cent ans » (article 81). Elle semble par conséquent plus exigeante, même si pour Hervé « elle ne dit pas qu'un aveu ne puisse point être réputé ancien au-dessous de cent ans » [35]. Ce qui est certain, c'est qu'un aveu de plus de cent ans est réputé ancien, et constitue une preuve du bienfondé du droit de corvée.

L'aveu et dénombrement, pour être admis comme preuve valable, ne doit pas être en contradiction avec d'autres titres plus anciens, que ce soit un titre valable ou un autre aveu et dénombrement. S'il existait un document plus ancien, force serait de le privilégier par rapport à un plus récent. Et les auteurs se sont demandés si, comme pour le titre valable, l'aveu et dénombrement devait être antérieur à la réformation de la coutume de Paris de 1580. Sur ce point, l'opinion d'Hervé semble être la meilleure : puisque la coutume ne le précise pas, c'est qu'il n'est pas nécessaire que l'aveu et dénombrement soit antérieur à cette date [36].

Le titre constitutif et l'aveu et dénombrement sont les deux seuls fondements prévus expressément par la coutume. Pour autant, le droit de corvées peut être contenu dans d'autres documents, mais alors qu'en est-il de leur validité ?

Section II.
L'admission d'autres modes de preuve à titre subsidiaire

Il n'est pas toujours possible de produire un titre constitutif, qu'il s'agisse d'un titre ancien ou d'un aveu et dénombrement. C'est pourquoi il est possible de prouver le droit de corvées par d'autres moyens de preuve. En l'occurrence, la coutume de Paris ne prévoit aucune disposition particulière. Il faut donc se référer aux autres coutumes, à la doctrine et

---

32 F. Hervé, *op. cit.*, p. 447.

33 *Ibid.*

34 *Ibid,* p. 449.

35 *Id.* pp. 449-450.

36 *Id.* pp. 458-459.

à la jurisprudence. Il en ressort qu'il existe d'autres titres valables par eux-mêmes (§ 1) et que la possession est admise lorsqu'elle est corroborée par des titres (§ 2).

§ 1 . Validité d'autres titres seuls

Les titres constitutifs ne sont pas les seuls titres fondant le droit de corvées. Des reconnaissances faites par le tenancier pourraient tout à fait suffire, à condition que le droit de corvées « soit porté dans le corps même de ces reconnaissances »[37]. En effet, le tenancier soumis à la corvée reconnaît lui-même qu'il y est soumis. Le reconnaissance est donc on ne peut plus valable entre les parties. De même, Hervé admet qu'on puisse fournir un décret forcé, voire un décret volontaire, qui adjoint à une terre un droit de corvées. Cette solution est discutable : un décret est certes un document public, officiel, mais si la validité d'un tel document comme preuve du droit de corvées est admise, cela implique que le droit de corvées est un droit disponible, or cela ne semble pas être le cas au regard de la nature du droit de corvées : en tant que droit de fief, il n'est pas à la libre disposition du seigneur. Il s'agit d'un droit féodal, seigneurial, indépendant de la volonté des parties. Mais Hervé ajoute que la seule production d'un décret ne suffit pas. Pour être admis, le décret doit être corroboré par d'autres titres ou une possession[38]. Il ne vient donc qu'appuyer d'autres modes de preuves mais ne se suffit pas à lui-même.

Enfin, une convention entre le(s) corvéable(s) et le seigneur peut valablement contenir des corvées. S'il s'agit d'une convention passée par un seul corvéable, elle ne vaut bien sûr qu'entre ce corvéable et son seigneur. Par contre, quid si la convention a été signée par plusieurs corvéables ? S'applique-t-elle aux seuls signataires ou à la communauté dans son ensemble ? Hervé estime que si la corvée doit être faite « par la communauté en tant que communauté »[39], il suffit que deux tiers des habitants signent pour engager l'ensemble de la communauté. Il justifie son point de vue par le fait qu'il est impossible d'obtenir la signature de chaque membre de la communauté et que par conséquent une majorité qualifiée de signatures est suffisante. De même, les deux tiers des habitants peuvent engager toute la communauté si « la stipulation de corvées avait une cause utile à tous, et dont tous profitassent »[40]. Cette solution est discutable : les conventions n'engagent, par principe, que les parties, et ne peuvent donc engager une tierce personne. Même si l'avantage profite à tous et que tous les habitants, en contrepartie, doivent exécutées des corvées, il est critiquable d'affirmer que l'avantage ainsi obtenu oblige celui qui en bénéficie à exécuter la contrepartie alors qu'il ne s'est pas engagé. C'est une façon d'imposer une contrepartie à un avantage que l'individu n'a pas sollicité. A l'inverse, si les corvées doivent être exécutées par chaque corvéable individuellement, la signature n'engage que son auteur personnellement.

En revanche, ne sont pas valables les titres tels qu'un contrat de vente, un testament ou plus généralement un titre particulier car « on ne se fait pas des titres à soi-même »[41]. *De*

---

37 *Id.* p. 460.
38 *Id.* pp. 460-462.
39 *Id.* p. 465.
40 *Id.* p. 466.
41 *Id.* p. 462.

facto, ces titres privés ne sont rédigés que par un seigneur qui s'octroierait donc des droits sans que l'on puisse les lui contester.

§ 2 LA POSSESSION CORROBORÉE PAR DES TITRES

La possession est un mode de preuve qui se base sur la réalisation concrète d'un droit, et non sur son fondement théorique. Elle consiste à constater l'exécution des corvées, et de ce fait elle ne peut suffire seule à fonder un droit de corvées, jugé odieux par une partie de la doctrine d'Ancien Régime. Sur la coutume de Paris, Hervé affirme en ce sens que les réformateurs, en exigeant un titre, ont voulu rejeter la seule possession, si elle n'est pas corroborée par un titre, parce qu'une « possession de cette nature pourrait être très suspecte dans une matière où il est facile de se procurer des faits apparents, soit en abusant de la condescendance de ses tenanciers, soit en payant indirectement des travaux qu'on paraîtrait obtenir gratuitement, et à titre de pures corvées » [42]. Ce droit est également jugé exorbitant et défavorables à ceux qui y sont soumis, c'est pourquoi il ne peut être prouvé que par une possession corroborée par des titres. Ce n'est que par exception que certaines coutumes, dont celle de Nivernais (chapitre 8 article 4), admettent la possession seule (« prescription suffisante »).

Hervé admet « des actes ou faits directs de possession » [43]. Les titres dont il a été question précédemment sont des titres contenant un droit « théorique » de corvées, délié de tout exercice concret. Les actes ou faits directs de possession sont, à l'inverse, basés sur l'exécution des corvées, sur la réalisation du droit. Ils peuvent prendre des formes variées tels que des condamnations en justice de corvéables n'ayant pas réalisé les corvées, ou des registres sur lesquels sont répertoriées les corvées déjà réalisées. Ces documents prouvent que les corvéables ont réalisé ou auraient dû réaliser des corvées, ce qui induit que le seigneur est fondé à les exiger. Il y a en quelque sorte une présomption de l'existence d'un droit de corvées. Ces titres peuvent constituer un début de preuve et pourrait acquérir une force supplémentaire s'ils sont appuyés par d'autres titres, y compris éventuellement par des titres privés qui ne sont pas en eux-mêmes une preuve suffisante. Tous les titres réunis constituent alors une sorte de faisceau d'indices qui peut servir de preuve pour établir un droit de corvées ; et ce à condition que la possession réponde à certaines exigences.

Les auteurs s'accordent pour affirmer que la possession doit être publique, continue et ininterrompue [44], mais ils ont des opinions divergentes quant à l'ancienneté de cette possession. Jusqu'où la possession doit-elle remontée pour être assez ancienne ? Pour Dunod, la coutume de Paris admet une possession centenaire alors que pour Brillon, la possession doit être immémoriale [45]. Malgré cette apparente contrariété, il est facile de concilier ces deux opinions : une possession centenaire peut facilement être considérée comme immémoriale puisqu'elle dépasse largement la vie d'un homme, surtout à l'époque,

---

42 *Id.* p. 450.

43 *Id.* p. 464.

44 Panckoucke, *op. cit.*, p. 348 ; F.-I. Dunod de Charnage, *Traité des prescriptions*, Dijon, A. de Fay, 1730, p. 375.

45 P.-J. Brillon, *Dictionnaire des arrêts ou jurisprudence universelle des parlements de France*, Paris, 1727, Tome II, p. 444.

et il serait difficile de pouvoir rapporter une possession plus ancienne. D'ailleurs, pour Hervé, la possession est immémoriale au delà de seulement cinquante ou soixante ans, puisqu'il est presque impossible de rapporter une preuve testimoniale qui remonterait à plus longtemps. De plus, et toujours selon Hervé, puisque les corvées sont exigées annuellement, la possession peut être admise si elle remonte à trente ou quarante ans [46]. La possession trentenaire ou quadragénaire semble incontestable si les corvées ont été réalisées tous les ans pendant ce laps de temps. Pour des droits beaucoup plus occasionnels (Hervé cite entre autres l'hommage et le rachat) il est normal d'exiger une ancienneté plus importante que pour un droit très régulièrement exercé [47].

La possession ancienne est donc communément admise, quand elle est corroborée par des titres, mais Vigier affirme que dans le ressort de la coutume d'Angoulême, la possession n'est pas admise, et il cite en ce sens une sentence du 4 mai 1635 qui a ordonné à ceux qui demandaient des corvées de fournir les titres « sans avoir égard à la possession d'un temps immémorial » [48], la possession étant présumée violente. Cette solution semble être une exception à la règle de principe d'admission de la possession et son champ d'application doit de ce fait être restreint.

Une fois que le bienfondé du droit de corvées est établi grâce à l'un des modes de preuve admis, il reste à vérifier que les corvées ne sont pas prescrites, dans les cas où la prescription est admise.

Section III.
La prescription des corvées

« Les corvées ne s'acquièrent point par la prescription » [49]. La prescription n'est pas un mode d'acquisition des corvées, c'est-à-dire qu'il n'est pas possible d'exiger des corvées par le seul écoulement du temps. Concrètement, le droit de corvées ne s'acquiert pas du simple fait que des personnes attachées à la seigneurie exécutent des corvées pendant un certain temps, et peu importe pourquoi elles les exécutent. Il faut nécessairement un titre valable ou une possession corroborée par un titre [50].

La prescription ne joue un rôle que pour éteindre le droit de corvées, mais uniquement dans certains cas particuliers. Sur ce point, il faut distinguer selon que les coutumes prévoient des dispositions particulières sur la prescription ou l'imprescriptibilité des corvées (§ 1) ou selon que les coutumes restent muettes sur le sujet (§ 2).

---

46 F. Hervé, *op. cit.*, p. 448.

47 *Id.*

48 J. Vigier, *Les coutumes du pays et duché d'Angoumois, Aunis et gouvernement de la Rochelle*, Angoulême, S. Reze et M. Puinesge, 1720, p. 84.

49 C.-J. de Ferrière, *op. cit.*, p. 414.

50 Cf. *supra* pp. 17-22.

§ 1 Prescription ou imprescriptibilité des corvées dans les coutumes

Si la coutume prévoit des dispositions relatives à la prescription des corvées, il faut bien évidemment s'y référer. Mais ce n'est pas souvent le cas ; la plupart des coutumes sont muettes en la matière.

On peut citer, parmi celles qui prévoient des dispositions sur la prescription, la coutume d'Auvergne aux articles 15 et 16 ainsi rédigés : « Droit de taille, charrois, corvée et manœuvres dues à merci et volonté, n'est prescriptible, sinon qu'il y eut contradiction » ; « Mais au regard des tailles, charrois, corvées et manœuvres, certains dus sur héritages se prescrivent par ledit laps de trente ans ». Il ressort de ces dispositions que les corvées réelles tombent en prescription au bout de trente ans (qu'il y ait eu ou non contradiction), alors que les corvées personnelles ne tombent en principe pas en prescription sauf s'il y a eu contradiction.

En Anjou, la coutume prévoit à l'article 440 que la prescription ne joue pas contre le seigneur : le corvéable ne peut acquérir « exemption contre lui de ses devoirs ou droit dus sur l'héritage et choses immeubles ». L'imprescriptibilité ne semble concerner ici que les corvées réelles, sans qu'il soit toutefois possible d'affirmer que les corvées personnelles se prescrivent.

Les articles de coutumes, quand ils existent, ne sont pas toujours très clairs quant à la réponse à apporter à la question de la prescription des corvées. Et il est encore plus complexe de répondre à cette question en l'absence de dispositions coutumières.

§ 2 Prescription ou imprescriptibilité des corvées dans le silence des coutumes

La question de savoir si les corvées se prescrivent ou non dans le silence des coutumes est une question très débattue en doctrine. Henrion de Pansey rapporte que Coquille distingue les corvées certaines (dues sur une terre) des corvées à volonté (dont le nombre dépend de ce qu'exige le seigneur) [51]. La corvée due en raison de la terre pourrait se prescrire car elle consiste en une redevance annuelle tandis que les corvées à volonté, en tant que droit de pure faculté, ne se prescriraient pas sauf en cas de contradiction. De même, Boullanger affirme que les corvées à volonté ne se prescrivent que du jour de la contradiction, si elles n'ont pas été demandées pendant au moins cent ans [52]. Cette distinction n'est pas satisfaisante puisque même si les corvées sont déterminées, elles dépendent de la volonté du seigneur qui n'est pas obligé de toutes les demander, et qui peut même ne pas les demander du tout.

Il faudrait en déduire que toutes les corvées sont prescriptibles. C'est d'ailleurs ce qu'affirme Brodeau : selon lui la prescription des corvées est toujours possible, tandis que pour Mornac les corvées sont imprescriptibles [53]. La Tournerie, sur la coutume de

---

51 *Répertoire universel* de Guyot, *art. cit.*, p. 107.
52 N.-A. Boullanger, *op. cit.*, p. 11. Voir aussi *Encyclopédie méthodique, op. cit.*, p. 349.
53 Voir F. de Boutaric, *Traité des fiefs et des matières féodales*, Toulouse, G. Henault et J. -F. Forest, 1751, p. 372.

Normandie, affirme pour sa part que les corvées se prescrivent par quarante ans [54] alors que d'autres auteurs affirment que la prescription est de trente ans contre les laïcs et de quarante ans contre les ecclésiastiques [55]. Ces solutions valent quelles que soient les corvées, alors que les principaux courants doctrinaux distinguent selon leur nature.

Certains auteurs, à l'image de Boutaric [56] et Henrion de Pansey [57], distinguent selon le fondement de la corvée. Ils estiment que s'il existe une convention, les corvées sont prescriptibles alors que si la corvée est contenue dans des titres et peut ainsi être considérée comme un droit de fief, elle est imprescriptible. La solution dépend donc de l'origine de la corvée (contractuelle ou comme un droit de fief). Cette distinction rejoint un peu la précédente entre les corvées certaines et les corvées à volonté, mais en retenant les solutions opposées : lorsque la corvée est certaine, due sur une terre, elle se rapproche d'un droit de fief alors que la corvée à volonté, dont le nombre dépend du seigneur, se rapproche plutôt d'un droit contractuel. Denisart [58] apporte une précision sur cette distinction : si le droit de corvées ressort d'une convention, les corvées se prescrivent à la condition que le seigneur n'ait pas résidé dans ses terres et n'a donc pas eu besoin des corvées. De même, il y a prescription si tous les habitants de la seigneurie n'ont pas exécuté les corvées.

L'autre distinction est plus traditionnelle : elle consiste à distinguer les corvées réelles des corvées personnelles. Harcher, sur la coutume de Poitou, indique que les corvées personnelles sont imprescriptibles, parce qu'elles sont dues par toute la communauté, sauf si aucun habitant n'exécute les corvées (la prescription n'est donc possible que si elle est acquise à l'encontre de toute la communauté). A l'inverse, les corvées réelles se prescrivent par trente ans [59].

Finalement, quelle solution retenir ? Il ne faut pas raisonner selon le fondement du droit de corvées car, que ce droit soit d'origine contractuel ou basé sur un titre, il doit être regardé comme un droit seigneurial de fief indisponible. Le droit de corvées découle de la féodalité, indépendamment du document sur lequel se fonde le seigneur pour justifier son droit. La convention ou le titre peuvent prévoir des particularités tenant par exemple à l'objet de la corvée ou à sa valeur pécuniaire, mais ils ne peuvent pas prévoir librement des dispositions concernant une question aussi fondamentale que celle de la prescription. C'est pourquoi, en tant que droit de fief, les corvées ne se prescrivent pas ; et ce quelle que soit leur nature (réelle ou personnelle).

La prescription peut toutefois être admise, par exception, et en l'occurrence les exceptions vont dépendre de la nature des corvées. Si elles sont réelles, elles pourront se prescrire si le seigneur ne les réclame pas pendant un certain temps. Car comme l'affirme

---

54 E. le Royer de la Tournerie, *Traité des fiefs à l'usage de la province de Normandie*, Paris, Valleyre, 1763, p 210.

55 En ce sens, G. du Rousseau de la Combe, *Recueil de jurisprudence civile du pays de droit écrit et coutumier*, Paris, Veuve Cavelier et fils, 1753, p. 151 ; F. Ragueau, *Glossaire du droit français*, éd. 1882, p. 203.

56 F. de Boutaric, *op. cit.*, p. 372.

57 *Répertoire universel* de Guyot, *art. cit.*, p. 107.

58 J.-B. Denisart, *op. cit.*, p.625.

59 J.-B.-L. Harcher, *Traité des fiefs sur la coutume de Poitou*, Poitiers, J. Felix Faulcon, 1762, Tome II, p. 125.

Henrion de Pansey, la prescription est admise en cas de vente, si l'acheteur ne réclame pas la chose non délivrée par le vendeur alors qu'il en a pourtant payé le prix [60]. La contrepartie non réclamée pendant un laps de temps tombe alors en prescription. Pour ce qui est des corvées personnelles, si elles sont imposées à toute la communauté et qu'aucune personne ne les exécute, elles pourront se prescrire (mais elles ne se prescriront pas à l'égard de la communauté dès lors que quelques personnes les auront réalisées).

Enfin, quelle durée retenir quand la prescription est possible ? L'opinion la plus répandue consiste à admettre un laps de temps de trente ans, ce qui paraît être une durée raisonnable, et il est fort probable qu'il faille attendre quarante ans pour prescrire contre l'Église (comme l'affirment certains auteurs), privilège dont elle bénéficie probablement comme sur de nombreux autres points.

Lorsque les corvées ne sont pas prescrites (dans les cas où la prescription est admise) et que les conditions tenant au fondement et à la preuve du droit de corvées sont remplies, encore faut-il déterminer qui doit faire la demande et à qui cette demande doit être faite.

---

60 *Répertoire universel* de Guyot, *art. cit.*, p. 107

Chapitre II.

Un droit de corvées exigé par le seigneur aux corvéables

Il ressort de la définition de la corvée seigneuriale et de l'exigence d'un titre valable que seul le seigneur fondé à demander les corvées peut exercer son droit. Par conséquent, il faut que le seigneur demande personnellement les corvées, tout autre que lui ne pouvant le faire en son propre nom ou à la place du seigneur (section 1). Et les corvées peuvent être exigées de toutes les personnes corvéables, et seulement des personnes corvéables, qui sont soit les bénéficiaires d'un fonds dans la seigneurie, soit qui y résident. Se pose alors la question de savoir si toutes ces personnes sans exception sont soumises aux corvées. Or il n'en est rien : seules certaines personnes, en raison de leur qualité, sont corvéables, ce qui implique que d'autres, toujours en raison de leur qualité, ne peuvent l'être (section 2).

Section I.
Un droit appartenant au seul seigneur

Puisque le droit de corvées n'appartient qu'au seul seigneur personnellement, ce dernier ne peut le céder à un tiers (§ 1). Il peut seulement vendre un fonds et les corvées seront alors transférées au nouvel acquéreur, à titre onéreux (§ 2).

§ 1 L'incessibilité du droit de corvées

L'incessibilité des corvées est une règle générale contenue dans le corps même des coutumes. Par exemple, la coutume de Bourbonnais prévoit, à l'article 339, que « Les seigneurs ne peuvent contraindre leurs sujets faire charrois, pour autres que pour eux et leurs affaires ». Dans la coutume de La Marche, l'article 165 indique lui aussi que « Ne peut ledit seigneur vendre et transporter à autrui la commodité d'iceux vinades et arbans ». La justification réside dans la nature du droit de corvées : une fois encore, il faut regarder le droit de corvées comme un droit de fief indisponible, ce qui implique que les corvées ne peuvent être exigées que du titulaire de ce droit, à savoir le seigneur, et ce qu'elles soient réelles ou personnelles. De la même façon, en tant que droit indisponible, le seigneur ne peut pas le céder à qui bon lui semble.

L'idée est que les corvées doivent bénéficier au seigneur propriétaire de la terre, en raison soit des personnes qui résident dans sa seigneurie, soit en raison des terres qu'il a concédées aux tenanciers. Toute autre personne n'a aucun droit sur les résidents de la seigneurie et sur les terres qui la composent. Denisart affirme en ce sens « On tient pour principe que les corvées sont, par leur nature, incessibles ; c'est-à-dire, que si celui à qui les travaux sont dus, n'en n'a pas besoin, il ne peut pas obliger les corvéables à travailler pour un autre à qui il aura céder son droit » [61]. Le droit de corvées du seigneur est personnel, même s'il existe une exception rapportée notamment par Hervé. Il s'agit du cas où les corvées sont comprises dans un bail. Le fermier peut alors les exiger « car le propriétaire jouit par son fermier ; et les corvées faites pour le fermier, sont censées être faites pour le seigneur, et tournent au profit de la terre. » [62] Cette exception se justifie par le fait que le fermier n'agit pas dans son propre intérêt mais plutôt dans l'intérêt du seigneur, à qui profitent in fine les corvées réalisées sur ses terres. D'ailleurs, Hervé poursuit en affirmant que si les corvées concernent « l'utilité personnelle du seigneur, et non le service de la terre, alors elles ne pourraient pas être comprises dans le bail, et le fermier ne pourrait pas les exiger » [63]. Henrion de Pansey est du même avis : le fermier ne peut exiger les corvées que si elles profitent à la terre du seigneur et non aux besoins personnels de ce dernier [64].

On retrouve cette règle dans le coutume du duché de Bourgogne ou dans celle de La Marche[65]. Pour autant, cela ne signifie pas qu'il ne soit pas du tout possible de céder le droit de corvées. Il n'est pas possible de le céder pour lui-même ; il ne peut être « cédé, transporté, ou aliéné, qu'avec la terre à laquelle il est attaché, que les corvées soient réelles ou personnelles » [66].

§ 2 LE TRANSFERT ONÉREUX DU DROIT DE CORVÉES AVEC LA VENTE D'UN FONDS

Le seigneur, qui dispose d'un droit de propriété sur ces terres, est libre de les vendre. S'il le fait, il cède par là même les corvées. Mais entrent-elles dans l'estimation de la terre ? Entrent-elles, plus précisément, dans l'assiette du prix de vente ? La réponse est positive, et n'est pas sans intérêt. Elle peut concrètement avoir plusieurs incidences : tout d'abord, si les corvées entrent dans l'estimation, le prix de la terre va alors augmenter, ce qui a un impact pour l'acheteur. Pour le vendeur, même si le prix est plus élevé, il vendra probablement plus facilement ses terres si celles-ci sont assorties de corvées, surtout si l'acheteur a connaissance de leur évaluation.

Une fois n'est pas coutume, la doctrine n'est pas unanime, mais se déclare plutôt favorable à l'estimation des corvées. Toutefois, Henrys rapporte un arrêt qui selon lui affirme que les corvées ne doivent pas être prises en compte dans l'évaluation de la terre [67]. Il s'agit d'un arrêt du parlement de Paris du 7 septembre 1641. L'argumentation du seigneur qui soutenait qu'il ne fallait pas estimer les corvées reposait surtout sur l'idée que le droit de corvées n'est pas un droit annuel certain en ce qu'il dépend de la nécessité qu'en a ou non le seigneur. Or, selon lui, il ne faudrait prendre en compte que les droits certains. L'arrêt affirme que « ne seront compris ni estimés les droits de charrois, corvées et manœuvres

61 J.-B. Denisart, *op. cit.*, p 621.

62 F. Hervé, *op. cit.*, p. 416.

63 *Ibid.*

64 *Répertoire universel* de Guyot, *art. cit.*, p. 112.

65 Voir J. Bouhier, *op. cit.*, p. 338.

66 R.-J. Valin, *Nouveau commentaire sur la coutume de La Rochelle et du pays d'Aunis*, La Rochelle, R. -J. Desbordes, 1761, Tome I, p. 46.

67 *Œuvres de M. Claude Henrys*, Paris, M. Brunet, 1738, Tome I, pp. 806-808.

dues à ladite terre et seigneurie par les manants et habitants d'icelle ». Mais la question était de savoir si les corvées (ainsi que les charrois et les manœuvres) devaient être estimés comme des rentes nobles. Ce à quoi l'arrêt a répondu par la négative, sans toutefois affirmer que ces droits n'entraient en aucune façon dans l'estimation de la terre. C'est l'argumentation d'Hervé : « Mais, quoiqu'on ne doive pas mettre les corvées dans la classe des rentes et des revenus fixes, il ne s'ensuit pas qu'elles ne doivent aucunement influer sur la valeur d'une terre » [68].

De nombreuses coutumes prévoient des dispositions expresses sur l'estimation : par exemple, l'article 51 du titre 31 de la coutume d'Auvergne distingue selon que les corvées ont lieu l'été ou l'hiver, et selon qu'elles se font à bras ou avec des bêtes ; les articles 191, 192 et 193 de la coutume de Troyes donnent plus de valeur aux corvées réalisées par les hommes (12 deniers tournois par jour) qu'à celles réalisées par les femmes (6 deniers tournois par jour) et encore plus de valeur à celles réalisées avec des bêtes (trois sols quatre deniers tournois par jour) ; ou encore l'article 499 de la coutume d'Anjou qui dispose que « bians et corvées, chacune journée d'hiver, dix deniers tournois, et en été pour faucher, semer [...], quinze deniers tournois ». L'une des dispositions les plus complètes est contenue dans l'article 190 de la coutume de Poitou et indique :

> « Bian de quatre bœufs et charrettes pour demeurer un jour allant et venant est pris pour cinq sols : bian d'homme de bras, dix deniers, quand il est aux dépens, et sans dépens quinze deniers. Homme couchant et levant en haute, moyenne et basse juridiction, sept sols six deniers ; et s'il n'est qu'en haute juridiction, vingt-deux deniers obole ; et autant la moyenne : et s'il est seulement en basse, trois sols neuf deniers ; car la basse est prise pour les deux » [69].

En conclusion, les corvées sont prises en compte dans l'estimation d'une terre, même si ce n'est pas en tant que rente noble, et l'estimation dépend de la coutume qui s'applique. Les coutumes précitées contiennent des dispositions qui précisent la valeur des corvées selon leurs modalités d'exécution. L'estimation est donc variable, selon le ressort de la coutume dans lequel on se trouve et selon la nature des corvées rattachées à la terre en vente.

SECTION II.
UN DROIT IMPOSÉ AUX SEULES PERSONNES CORVÉABLES

Le seigneur qui bénéficie d'un droit de corvées doit l'exercer à l'encontre des bonnes personnes. En effet, il ne peut exiger des corvées que des personnes qui y sont assujetties ; c'est-à-dire, encore une fois, soit des personnes qui résident dans la seigneurie pour les corvées personnelles, soit des personnes à qui le seigneur a concédé un fonds, pour les corvées réelles. La difficulté concerne les nobles et les ecclésiastiques qui appartiennent aux ordres privilégiés. Sont-ils soumis à la corvée ? Il faut distinguer selon que les corvées sont personnelles ou réelles : pour les premières, les nobles et ecclésiastiques sont exemptés (§ 1) alors que pour les secondes, ils n'ont qu'un privilège (§ 2).

---

68 F. Hervé, *op. cit.*, p. 408.

69 Rapporté par J. Boucheul, *Coutumier général ou corps et compilation de tous les commentateurs sur la coutume du comté et pays de poitou*, Poitiers, Jacques Faulcon, 1727, Tome I, p. 478.

§ 1 EXEMPTION DES NOBLES, ECCLÉSIASTIQUES ET FORAINS POUR LES CORVÉES PERSONNELLES

Les corvées personnelles étant liées à la personne qui réside dans la seigneurie, il paraît logique que les nobles et les ecclésiastiques, qui appartiennent aux ordres privilégiés, en soient exemptés. Denisart affirme en ce sens que « Les corvées personnelles ne sont dues que par les roturiers. Les nobles et les ecclésiastiques en sont exempts » [70]. En raison de leur qualité, les membres des ordres privilégiés ne peuvent être assujettis aux corvées. La coutume de Poitou prévoit l'exemption des « personnes de qualité, gentilshommes, officiers de robe et d'épée, bourgeois notables » [71]. Henrion de Pansey, dans le Répertoire universel et raisonné de jurisprudence, inclut dans les personnes exemptées des corvées personnelles les forains [72]. Ces derniers ne sont pas exemptés en raison de leur qualité, puisqu'ils sont roturiers, mais parce qu'ils ne résident pas dans la seigneurie. En effet, ils se déplacent régulièrement et ne peuvent donc pas être rattachés à une seigneurie en particulier. Boutaric, dans son Traité des fiefs et des matières féodales, considère lui aussi que les forains ne sont pas assujettis aux corvées personnelles. [73]

Par ailleurs, Boutaric ajoute que les infirmes et les vieillards en sont dispensés. Le président Bouhier va dans son sens en considérant que sont exemptés « ceux, que leur âge, ou leurs infirmités mettent hors d'état de les faire » [74]. L'exemption ne réside donc pas dans la qualité de la personne mais dans son impossibilité physique à faire les corvées. Francisque Mège, pour ce qui est de l'Auvergne, évoque même « les gens qui n'étaient pas des gens de métier ou de labour, comme les notaires, les bourgeois, les praticiens. Encore ces derniers n'étaient-ils pas tout à faits exempts, ils pouvaient seulement se faire remplacer » [75]. Ces catégories de personnes (qui ne sont pas des gens de métier ou de labour) ne sont pas exemptées des corvées personnelles, mais bénéficient seulement du privilège de se faire remplacer.

Les nobles, ecclésiastiques et forains ne sont donc pas sujets à la corvée personnelle, mais qu'en est-il de leurs domestiques ? Henrion de Pansey rapporte les propos de l'annotateur de Boutaric : « On ne peut pas leur dire qu'ils n'ont qu'à les faire servir par leurs métayers, leurs domestiques ou autres, parce que comme c'est en eux que se forme l'obligation, il s'ensuit que les raisons particulières qui donnent lieu de les dispenser, éteignent cette obligation en entier » [76]. Les nobles et ecclésiastiques ne peuvent donc pas faire faire les corvées par leur personnel, ce qui paraît on ne peut plus logique puisqu'on ne peut pas exiger d'eux une corvée personnelle, et qu'il n'y a par conséquent aucune raison d'exiger que les domestiques ou métayers le fassent à leur place. Boutaric ajoute qu'il en est

---

70 J.-B. Denisart, *op. cit.*, p. 622.

71 Voir J. -B. -L. Harcher, *op. cit.*, p. 127.

72 *Répertoire universel* de Guyot, *art. cit.*, p. 104.

73 F. de Boutaric, *op. cit.*, p. 369.

74 J. Bouhier, *op. cit.*, p. 345.

75 F. Mège, *Charges et contributions des habitants de l'Auvergne à la fin de l'Ancien Régime*, Clermont-Ferrand, Ribou-Collay, 1898, p. 96.

76 *Répertoire universel* de Guyot, art. *cit.*, p. 104.

de même pour le personnel des forains, des vieillards et des infirmes. Si l'on admet que ceux-ci sont effectivement dispensés d'exécuter les corvées, alors il va de soi que leurs domestiques et métayers n'ont pas à les faire à leur place. L'exemption est totale : « Le corvéable qui est malade, ou autrement hors d'état de travailler par infirmité habituelle ou vieillesse, est dispensé de la corvée, en telle sorte qu'on ne peut l'obliger, ni de fournir un homme à sa place, ni de payer la valeur de la corvée en argent » [77]

Pour ce qui est des forains, ce n'est pas parce qu'ils sont exemptés des corvées personnelles qu'il en est de même pour leurs métayers qui résident dans la seigneurie. Sur ce point, Boutaric et Brillon rapportent le même arrêt du parlement de Grenoble du 1er mars 1658 [78]: l'exemption des forains ne se communique pas à leurs fermiers et métayers qui sont soumis personnellement à la corvée en raison de leur résidence sur les terres du seigneur. Ils n'ont pas à réaliser les corvées à la place des forains mais doivent réaliser celles qu'ils doivent pour eux-mêmes.

Il n'en va pas de même pour les corvées réelles pour lesquelles les nobles, ecclésiastiques et forains ne sont pas exemptés.

§ 2 PRIVILÈGE DES NOBLES, ECCLÉSIASTIQUES ET FORAINS POUR LES CORVÉES RÉELLES

Les nobles, ecclésiastiques et forains ne sont pas exemptés des corvées réelles. En l'espèce, leur qualité ne joue pas dans l'assujettissement à la corvée, mais entre en compte pour leur octroyer un privilège. En raison de leur appartenance à la noblesse ou au clergé, ils peuvent se faire remplacer par « une personne en état de faire l'espèce de travail » [79] ou en payer le prix. C'est ce qu'affirme entre autres Harcher, sur la coutume de Poitou : les nobles et ecclésiastiques « peuvent les payer suivant l'estimation, ou substituer des gens pour les faire en leur place » [80]. Ils bénéficient d'une « immunité personnelle » [81] qui ne vaut donc que pour eux-mêmes et ne vaut pas pour le fonds en lui-même. En fait, le fonds nécessite la réalisation de corvées, mais celles-ci ne peuvent être effectuées par les privilégiés. C'est pour cette raison qu'ils doivent faire faire les corvées par une tierce personne, ou en payer le prix.

La demande adressée aux corvéables qui ne sont pas exemptés et qui ne bénéficient pas de privilège doit répondre par ailleurs à certaines exigences imposées par les coutumes. Le bienfondé du droit de corvées ne suffit pas en lui-même à rendre la demande du seigneur valable. Il n'est pas libre de demander les corvées comme bon lui semble.

---

77 R.-J. Valin, *op. cit.*, p. 42.

78 F. de Boutaric, *op. cit.*, p. 370 et P.-J. Brillon, *op. cit.*, p. 443.

79 F. Hervé, *op. cit.*, p. 430.

80 J.-B.-L. Harcher, *op. cit.*, p. 127.

81 F. Hervé, *op. cit.*, p. 430.

Chapitre III.

Encadrement de la demande de corvées

Les différentes coutumes, suivies par la jurisprudence, encadrent la demande de corvées adressée par le seigneur aux corvéables. Concrètement, la demande est limitée de deux manières : tout d'abord, dans le temps (section 1) ; ensuite, quant au nombre de corvées exigées (section 2).

Section I.
Limitation temporelle de la demande

La demande de corvées du seigneur est limitée dans le temps, c'est-à-dire qu'il ne peut pas adresser une demande aux corvéables à n'importe quel moment. Cette limitation peut être constatée à plusieurs points de vue : premièrement, les coutumes exigent un délai et une forme de prévenance (§ 1) ; deuxièmement, il existe des restrictions quant au moment de la demande (§ 2) ; et troisièmement, les corvées n'arréragent pas et doivent donc être demandées dans l'année (§ 3).

§ 1 Forme et délai de prévenance

Le seigneur ne peut pas prévenir les corvéables n'importe quand et de n'importe quelle manière. Se posent alors les questions de savoir à quel moment le seigneur doit prévenir les corvéables et surtout quel délai de prévenance doit-il respecter, et ensuite sous quelle forme la demande doit-elle être faite ?

Un délai de prévenance est nécessaire pour que les corvéables soient avertis à temps et puissent faire les corvées. Selon le président Bouhier, « cet intervalle n'est pas uniforme dans les différentes provinces du royaume» [82]. Pour autant, un délai de deux jours semble être un intervalle communément admis comme raisonnable. Même si la jurisprudence ancienne avait pu retenir un délai d'un jour [83], la jurisprudence constante de la fin de l'Ancien Régime considère que les corvéables doivent être prévenus deux jours auparavant. Ce délai est bien sur un délai minimum ; rien n'empêche qu'il soit supérieur.

Les parlements de Dijon et de Bretagne tranchent en ce sens, et « les arrêts du parlement de Paris ont établis la même règle » [84]. La question du délai de prévenance étant résolue, il

---

[82] J. Bouhier, *op. cit.*, p. 336.

[83] En ce sens, arrêt du parlement de Dijon du 30 juin 1507, rapporté par J. Bouhier, *op. cit.*, p. 336.

[84] F. de Boutaric, *op. cit.*, p. 359.

faut toutefois noter qu'en cas de « nécessité imprévue » [85], il suffirait que le corvéable soit prévenu la veille. Chabrol, qui admet cette dérogation, n'explique pas ce qu'il entend par nécessité imprévue, et ne s'appuie ni sur la coutume ni sur la jurisprudence. Son raisonnement repose seulement sur le fait qu'il peut survenir des circonstances exceptionnelles permettant de déroger au délai normalement exigé. Une telle opinion peut être admise, mais il conviendrait de réfléchir aux circonstances particulières rendant impossible un délai de prévenance de deux jours, afin que le seigneur ne prévienne pas les corvéables au dernier moment selon son bon vouloir.

Quant à la forme de prévenance, « le parlement de Dijon exige quelque chose de plus ; il veut que l'avis ait été publiquement donné le dimanche, dans le temps de la paroisse pour vaquer au service divin » [86], c'est-à-dire avant, pendant ou après la messe. Harcher rapporte un arrêt du parlement de Bretagne qui juge qu'il suffit de prévenir les corvéables « par publication, au prône des messes paroissiales, ou à l'issue » [87]. Henrion de Pansey affirme également que dans certaines régions, l'avertissement se fait aux prônes des messes paroissiales, comme en Bretagne, mais que dans la majeure partie du royaume les corvéables sont avertis verbalement, soit par le seigneur lui-même, soit par l'un de ses préposés [88]. Bouhier est de la même opinion, pour ce qui est de la Bourgogne : « Parmi nous l'avertissement se fait ordinairement par quelque personne, que commet à cela le seigneur, ou son fermier » [89].

Il n'est donc pas nécessaire d'interpeller les corvéables « par des voies judiciaires ou par le ministère d'un huissier » [90]. D'ailleurs, l'article 144 de la coutume de la Marche prévoit que « de ladite sommation sera cru le seigneur, son messager ou serviteur en l'affirmant par serment ». Hervé affirme même que la manière d'avertir le corvéable importe peu, du moment que l'avertissement est certain [91]. Il indique en ce sens que l'avertissement pourrait être valable si le corvéable était prévenu en présence de témoins, ou si l'interpellation était faite publiquement.

§ 2 MOMENT DE LA DEMANDE

Une fois que le seigneur a convenablement averti les corvéables, ces derniers doivent exécuter les corvées demandées. Mais la doctrine s'est interrogée sur le moment où les corvées peuvent être demandées, indépendamment du nombre de corvées exigées. Concrètement, les corvées peuvent-elles être demandées à n'importe quel moment de l'année ? Et notamment, peuvent-elles l'être au moment de semer, de moissonner ou de vendanger ?

---

85 G.-M. Chabrol, *op. cit.*, p. 458.
86 F. de Boutaric, *op. cit.*, p. 359.
87 J.-B.-L. Harcher, *op. cit.*, p. 128.
88 *Répertoire universel* de Guyot, *art. cit.*, p. 108.
89 J. Bouhier, *op. cit.*, p. 336.
90 G.-M. Chabrol, *op. cit.*, p. 458.
91 F. Hervé, *op. cit.*, p. 421.

Chabrol, sur la coutume d'Auvergne, considère que les corvées peuvent être demandées n'importe quand, puisque la coutume ne précise pas si certains moments de l'année sont exclus en raison de la gêne que cela occasionnerait pour les corvéables [92]. Cet auteur admet que la jurisprudence a pu décider que les corvées ne doivent pas être exigées pendant certaines périodes de l'année, mais fait prévaloir la coutume. Or, dans le silence de la coutume, deux interprétations sont possibles : soit la coutume, en n'excluant aucun moment de l'année, n'entend pas limiter la demande du seigneur ; soit le silence peut être interprété comme un oubli ou tout du moins une absence d'encadrement, et dans ce cas la jurisprudence peut venir suppléer ce silence. Il est d'ailleurs vrai que de nombreux arrêts sont venus encadrer le moment de la demande, ce qui laisse supposer que les parlements ont entendu suppléer les coutumes par leur jurisprudence.

Henrys rapporte un arrêt du parlement de Dijon qui a excepté le temps des vendanges dans les régions viticoles [93], et cette solution pourrait être étendue pour les semailles et récoltes dans les régions de cultures. Henrion de Pansey et Bouhier sont d'accord sur ce point : en principe, le seigneur ne doit pas « les demander dans un temps trop incommode pour les corvéables ; comme quand ils sont occupés aux semailles, ou aux récoltes » [94]. En effet, dans une France rurale où les corvéables vivent des terres qu'ils cultivent, leur prendre le temps des récoltes ou des vendanges reviendrait à les priver d'un temps précieux. Les auteurs admettent néanmoins une exception, quand « les corvéables sont obligés de servir le seigneur pour la culture de ses terres, et la récolte des fruits qu'elles produisent » [95]. Cette obligation résulte généralement des titres fondant le droit de corvées. Ces titres peuvent expressément prévoir que les corvées seront dues pendant des périodes précises de l'année, ou tout du moins pour un objet déterminé. Il y a alors des intérêts divergents : d'un côté le corvéable qui a besoin de cultiver et récolter pour son compte, et le seigneur qui a besoin des corvées pour ses propres terres. Dans ce cas, la doctrine donne la préférence au seigneur.

§ 3 POINT D'ARRÉRAGES

Le principe selon lequel les corvées n'arréragent pas signifie que si le seigneur n'a pas demandé les corvées dans l'année, il ne pourra pas les demander l'année suivante. Hervé explique ce principe de la manière suivante : les corvées ne sont pas dues à jour fixe, mais à la demande du seigneur. « Il faut donc qu'il demande les corvées, pour constituer le corvéable en demeure, et pour déterminer le jour où elles commenceront à être exigibles » [96].

¨Plusieurs coutumes prévoient expressément cette règle. Il en est ainsi dans la coutume de Bourbonnais à l'article 339 : « ne peuvent lesdits seigneurs [...] les prendre une année sur l'autre ; car ils ne s'arréragent pas ». De la même façon, la coutume d'Auvergne contient

---

92 G.-M. Chabrol, *op. cit.*, p. 457.
93 C. Henrys, *op. cit.*, p. 806.
94 J. Bouhier, *op. cit.*, p. 336.
95 *Ibid.*, p. 336-337.
96 F. Hervé, *op. cit.*, p. 418.

plusieurs dispositions en ce sens : « ne tombent lesdits charroies, corvées et manœuvres en arrérages » (article 18 chapitre 25) ; « tailles, corvées et manœuvres personnels qui ne sont assis sur fonds ni héritage certain, ne tombent en arrérages s'ils ne sont demandés » (article 22 chapitre 25) ; « et ne tombent lesdits charrois, corvées et manœuvres en arrérages » (article 52 chapitre 31). Pour citer un troisième exemple, la coutume de la Marche prévoit à l'article 144 que « arbans, bans et vinades […] ne chéent en arrérages ». Et la jurisprudence des parlements est conforme à ces règles coutumières. Boutaric cite, entre autres, plusieurs arrêts du parlement de Paris et un arrêt du parlement de Dijon [97]. Il apparaît donc de jurisprudence constante que les corvées ne peuvent s'arrérager.

Les coutumes de Bourbonnais et de la Marche ne distinguent pas selon que les corvées sont personnelles ou réelles, alors que la coutume d'Auvergne prévoient que les corvées personnelles n'arréragent pas (article 22 chapitre 25 et article 52 chapitre 31). Certains auteurs, dont Bouhier, en ont déduit que les corvées réelles tombent en arrérages [98]. Voici son argumentation :

> « Les personnelles étant une modification de la liberté, qui a été autrefois donnée aux serfs, il est juste de la restreindre, suivant la règle, que dans le doute il faut prononcer en faveur de la liberté. Mais il en est autrement des corvées réelles. Car comme elles font partie des conditions, sous lesquelles les anciens propriétaires ont délaissé leurs fonds, et que c'est une espèce de dédommagement du revenu, qu'ils en tiraient on en doit raisonner, comme de toutes les autres redevances foncières, dont les arrérages ne se prescrivent que par 30 années » [99]

Les corvées réelles tomberaient donc en arrérages, jusqu'à ce qu'elles se prescrivent, au bout de trente ans. Ce n'est pas le point de vue de Boutaric et d'Hervé, ni de Denisart. Pour ces auteurs, il ne faut pas distinguer là où la plupart des coutumes ne distinguent pas et là où la jurisprudence ne distingue pas non plus. Et la corvée doit être demandée par le seigneur, or « le corvéable ne peut pas plus, pour une espèce de corvées, que pour l'autre, savoir quand il conviendra au seigneur de les faire faire » [100].

Reste à régler la question de la coutume d'Auvergne, qui distingue selon la nature des corvées. La solution n'est pas évidente, et malgré ce qu'affirme Boutaric, il n'est pas satisfaisant de considérer que les coutumes de Bourbonnais et de la Marche détruisent les dispositions de la coutume d'Auvergne [101]. Cette coutume ne dit pas que les corvées réelles tombent en arrérages mais ne fait que prévoir que les corvées personnelles n'arréragent pas. Évidemment, la déduction du président Bouhier est logique : s'il est précisé que les corvées personnelles n'arréragent pas, c'est que les corvées réelles tombent en arrérages. Hervé considère, lui, qu'il existe une disposition générale dans la coutume d'Auvergne et que par conséquent il ne convient pas de distinguer. En effet, même si les articles précités distinguent selon la nature des coutumes, l'article 18 du chapitre 25 ne distingue pas. En l'absence de jurisprudence, cette solution semble être la meilleure. De toute façon, la règle générale étant que les corvées ne s'arréragent pas, les dispositions coutumières contraires

---

97 F. de Boutaric, *op. cit.*, p. 362.

98 J. Bouhier *op. cit.*, p. 339.

99 *Ibid.* p. 339.

100 F. Hervé, *op. cit.*, p. 419-420.

101 F. de Boutaric, *op. cit.*, p. 363.

doivent être restreintes à leur ressort d'application. Ainsi, même si la solution penchait en faveur de la distinction entre corvées réelles et corvées personnelles dans la coutume d'Auvergne, cette distinction ne vaudrait qu'en Auvergne.

Les corvées ne tombent donc pas en arrérages, en principe. Mais comme pour tout bon principe il existe des exceptions. Les corvées tombent en arrérages dans deux cas : quand elles sont abonnées, et quand elles ont été demandées mais non exécutées. Dans le premier cas, les corvées sont devenues annuelles et fixes (la plupart du temps en argent) et par suite elles s'arréragent « parce qu'elles ont dégénéré en une dette fixe » et en « une redevance certaine » [102]. Dans le second cas, les corvées ont bien été exigées et doivent être exécutées. Si elles ne le sont pas dans l'année, elles pourront l'être l'année suivante.

La demande de corvées est strictement limitée dans le temps pour éviter des dérives qui nuiraient aux corvéables, ce qui oblige le seigneur à respecter certaines règles coutumières ou jurisprudentielles. La demande est également limitée quant au nombre de corvées, pour éviter là encore des abus portant sur la quantité de corvées exigées.

SECTION II.
LIMITATION QUANT AU NOMBRE DE CORVÉES DEMANDÉES

Le nombre de corvées est doublement limité : tout d'abord, le seigneur ne peut pas demander autant de corvées qu'il le désire, leur nombre étant encadré périodiquement (§ 1). Ensuite, les possibles variations du nombre de corvées sont limitées à certains cas particuliers selon la nature desdites corvées (§ 2).

§ 1 LIMITATION PÉRIODIQUE DU NOMBRE DE CORVÉES

Les corvées peuvent être fixes ou à volonté. Les corvées fixes ont un nombre limité, soit par les titres, soit par la coutume, tandis que les corvées à volonté ou à merci ne sont pas limitées, du moins en théorie. En pratique, elles sont elles aussi limitées. Quelle que soit leur nature, les corvées ne peuvent excéder douze par an. A l'origine, Hervé explique que c'est la coutume d'Auvergne qui a prévu ce nombre, et que cette règle s'est généralisée sous l'impulsion de Loysel qui en a fait une maxime générale, et la jurisprudence a suivi [103]. L'article 18 du chapitre 25 de la coutume d'Auvergne dispose en effet que « charrois, corvées et manœuvres à merci et volonté sont limitées par la coutume à douze l'année ».

La règle générale est la limitation des corvées à douze par an, mais comme le précise Henrion de Pansey, par dérogation, certaines corvées sont limitées à un nombre inférieur. « Si les habitants sont dans l'usage de ne servir que six ou huit corvées, il serait injuste de les obliger à un nombre plus considérable, à douze par exemple » [104]. Douze est en fait un maximum général, quand les corvées ne sont limitées d'aucune manière, c'est-à-dire quand elles sont à merci ou à volonté Par contre, si en pratique les corvéables n'en réalisent jamais

---

102 F. de Boutaric, *op. cit.*, p. 363.

103 F. Hervé, *op. cit.*, p. 406.

104 *Répertoire universel* de Guyot, *art. cit.*, p. 110.

plus d'un certain nombre (inférieur à douze) par an, tel que fixé par exemple dans le titre, ce nombre doit être regardé comme le maximum en l'espèce. Il est donc impossible de dépasser douze corvées par an, mais il est possible de fixer un maximum inférieur.

Ce principe connait toutefois une exception, un cas dans lequel le nombre de corvées n'est pas limité à douze. Théoriquement, il faut distinguer selon que la corvée a ou non un objet déterminé. Si la corvée n'a pas d'objet déterminé, elle ne peut excéder douze par an. Si elle a un objet déterminé, elle n'est pas limitée. Boutaric rapporte en ce sens un arrêt du Parlement de Paris du 27 janvier 1679 : l'objet des corvées était en l'espèce le transport de charbon et de bois, donc un objet déterminé [105]. L'idée est que le corvéable doit réaliser l'objet déterminé pour lequel on lui demande des corvées, et ce n'est qu'une fois que cet objet est entièrement réalisé qu'il est libéré. Mais pour éviter les abus, « les juges trouvent quelque tempérament, pour rendre cette obligation moins dure » [106], indique le président Bouhier, qui s'appuie sur un arrêt du parlement de Metz. Dans cette affaire, les corvéables devaient apporter le bois nécessaire au chauffage dans un château, et le parlement est venu limiter la quantité de bois que chaque corvéable devait transporter.

Toujours à partir de la coutume d'Auvergne (article 18 chapitre 25), les corvées sont limitées à trois par mois, et doivent être réalisées dans différentes semaines d'un même mois. La coutume « a considéré encore, que le corvéable pourrait être trop fatigué, si le seigneur les exigeait à la fois, et les a distribuées par mois, en laissant au seigneur la liberté d'en prendre trois dans un même mois pour sa nécessité, pourvu néanmoins qu'il les divise en trois semaines différentes » [107].

Une autre exigence réside dans le respect d'un intervalle entre plusieurs journées de corvées. Harcher et Henrys s'accordent pour dire que le parlement de Paris autorise le seigneur a demandé trois journées de corvées consécutives, alors que le parlement de Dijon exige un intervalle de deux jours [108]. Boutaric rapporte la même jurisprudence, tout en se prononçant en faveur de celle du parlement de Paris, en considérant que l'exigence d'un intervalle viendrait gêner la liberté du seigneur [109].

§ 2 LES VARIATIONS DU NOMBRE DE CORVÉES DANS LA SEIGNEURIE

Bien que le nombre de corvées soit limité par corvéable, cela ne signifie pas pour autant qu'il ne puisse pas varier au sein de la seigneurie. En effet, certains événements peuvent venir modifier le nombre d'habitants et la répartition des fonds, ce qui a un impact sur le nombre total de corvées que le seigneur a droit d'exiger. A nouveau, il faut distinguer selon que les corvées sont personnelles ou réelles.

---

105 F. de Boutaric, *op. cit.*, p. 358.
106 J. Bouhier, *op. cit.*, p. 335.
107 G.-M. Chabrol, *op. cit.*, p. 454.
108 J.-B.-L. Harcher, *op. cit.*, p. 126 et C. Henrys, *op. cit.*, p. 805
109 F. de Boutaric, *op. cit.*, p. 359.

Les corvées personnelles peuvent augmenter ou diminuer [110]. La corvée personnelle étant liée à la personne du corvéable, il est tout à fait logique que si le nombre de corvéables augmente ou diminue, les corvées augmenteront ou diminueront. Plusieurs causes peuvent faire varier le nombre de corvéables dans la seigneurie : pour ce qui est de la diminution, les hypothèses les plus communes sont le décès, la maladie, l'infirmité, ou plus exceptionnellement le changement de domicile. Le décès et le changement de résidence ne posent pas de difficultés, contrairement à la maladie et à l'infirmité. Si l'état de la personne l'empêche de réaliser des corvées à cause de son âge avancé, les corvées ne seront pas dues. Par contre, que se passe-t-il si la maladie ou l'infirmité ne sont que temporaires ? C'est la question que se pose Hervé, et voici la réponse qu'il y apporte : « Une maladie ou une infirmité passagère pourrait bien ne pas dispenser le corvéable des corvées qu'il devait » [111], et ce parce qu'il pourra toujours les réaliser à un autre moment, quand son état le lui permettra. À une exception près : « si néanmoins il s'agissait de corvées dues dans telle saison, ou pour telle espèce d'ouvrages déterminément » [112]. Dans ce cas, il ne sera pas possible pour le corvéable de faire la corvée à un moment ultérieur, et pas conséquent il ne la devra pas. Cette dispense ne vaut que lorsque l'empêchement ne résulte pas de la faute du corvéable et est indépendant de sa volonté [113]. De même, si les corvées sont dues par foyer et non par tête, le corvéable peut se faire remplacer.

Dans d'autres cas, les corvées personnelles peuvent augmenter. Il en est ainsi quand le nombre de corvéables augmente dans la seigneurie. Cette situation se rencontre quand les fils, qui dépendent du foyer de leur père, deviennent indépendants et constituent leur propre foyer. Ils deviennent alors des corvéables à part entière. Pour citer un autre exemple, le nombre de corvéables augmente si de nouvelles personnes viennent s'installer dans la seigneurie.

Il existe toutefois des exceptions au principe de la diminution et de l'augmentation des corvées personnelles. Tout d'abord, si les corvées sont dues globalement pas la communauté, et non par tête ou par foyer, et que leur nombre est fixé, il ne variera pas [114]. « Seulement chaque habitant est plus ou moins chargé, suivant qu'il y a plus ou moins de domiciliés ou de feux » [115].

Quant aux corvées réelles, l'opinion la plus répandue est qu'elles n'augmentent ni ne diminuent. Cette opinion est justifiée quand il s'agit de corvées fondées sur un « fonds circonscrit et limité » [116]. Si ce fonds est amené à être divisé entre les héritiers suite à un décès, l'ensemble des héritiers doit le même nombre de corvées, ce qui signifie que chaque héritier ne doit pas le nombre de corvées dû par le défunt. Les corvées sont dues *in solidum*. En pratique, les héritiers doivent « la servir tour à tour, ou par l'un d'eux, suivant leur

---

110 Voir notamment en ce sens : F. Hervé, *op. cit.,* p. 424 ; *Répertoire universel* de Guyot, *art. cit.*, p. 103.
111 F. Hervé, *op. cit.*, p. 425.
112 *Id.*
113 *Id.*
114 *Ibid.* p. 427 et F. de Boutaric, *op. cit.*, p. 368.
115 *Ibid.* p. 427.
116 F. de Boutaric, *op. cit.*, p. 369.

accord sur cela » [117]. Si aucun accord n'est trouvé, le seigneur devra leur demander les corvées à tour de rôle.

Si les corvées ne sont pas dues en raison de la concession d'un fonds limité mais si les titres prévoient qu'elles sont dues par tout tenancier possédant une terre, alors les corvées peuvent être amenées à diminuer ou augmenter. Ainsi, elles augmenteront si un fonds est divisé entre plusieurs personnes, chacune devant le nombre de corvées indiqué dans les titres ; et elles diminueront si un fonds divisé en plusieurs parcelles est réuni au profit d'une seule personne [118].

Lorsque toutes les conditions d'exigibilité sont réunies, et que le demande est valablement formée, les corvées peuvent être réalisées. L'exécution, encadrée elle aussi par les titres, conventions, mais surtout par les coutumes et éventuellement la jurisprudence, peut prendre différentes formes et doit répondre à certaines conditions. C'est pourquoi il convient de préciser dès à présent quelles sont les modalités d'exécution des corvées.

---

117 J.-B.-L. Harcher, *op. cit.*, p. 127.
118 Sur ce point, voir F. de Boutaric, *op. cit.*, p. 369.

Partie II.

Modalités d'exécution des corvées

Les modalités d'exécution des corvées présentent différentes facettes, qui se rapportent toutes à la question de savoir comment doivent être réalisées les corvées. La première difficulté consiste à savoir quel est leur objet, c'est-à-dire quelles formes doivent-elles prendre (chapitre 1). L'examen de cet objet conduira à constater que par principe les corvées se font en nature, ce qui pose ensuite la question de savoir comment se déroule la journée de corvées (chapitre 2) et quelles sont les contraintes matérielles qui peuvent s'imposer tant au seigneur qu'aux corvéables (chapitre 3).

Chapitre I.

L'objet des corvées

Il ressort de la définition des corvées que celles-ci consistent par principe en une redevance en nature. Ce principe (section 1) connait toutefois des exceptions : dans certains cas particuliers, les corvées pourront être converties en argent et prendront donc la forme d'une redevance pécuniaire (section 2).

Section I.
Le principe des corvées en nature

Denisart indique, à propos des corvées seigneuriales, qu'elles consistent, pour les corvéables, à « travailler gratuitement [...] de leurs mains, ou avec le secours de leurs bêtes » [119], à la condition qu'ils soient employés pour un usage honnête et licite (§ 1). Cet usage honnête et licite interdit de recourir à certains travaux, mais hormis ces rares cas prohibés, les corvées peuvent présenter diverses formes qui portent généralement des appellations différentes (§ 2).

§ 1 Un usage honnête et licite

Même si « c'est en nature même que les corvées sont dues » [120], cela ne signifie pas pour autant que les corvées peuvent prendre n'importe quelle forme et être utilisées pour n'importe quel usage. En effet, l'objet des corvées connait une limite infranchissable : il doit être honnête et licite. Cette règle est contenue dans la coutume d'Auvergne, à l'article 18 du chapitre 25. Cet article dispose expressément que les corvées doivent être employées à un « usage honnête et licite ». Le président Bouhier, suivi en cela par le reste de la doctrine, en a fait une règle générale : « Une maxime certaine pour toutes sortes de corvées, est qu'elles ne peuvent être demandées, que pour un usage honnête et licite » [121]. Le principe vaut donc quelle que soit la corvée (réelle ou personnelle).

Ce principe d'un usage honnête et licite se définit plus facilement par la négative : les corvées ne doivent pas être demandées pour un usage malhonnête et/ou illicite. Les auteurs donnent des exemples d'objets que le seigneur ne peut demander. Chabrol, sur la province d'Auvergne, affirme que le seigneur ne peut demander aux corvéables des travaux qui causeraient un dommage à autrui, en particulier à ses ennemis, ni de travailler les jours

---

119 J.-B Denisart, *op. cit.*, p. 620.
120 F. Hervé, *op. cit.*, p. 438.
121 J. Bouhier, *op. cit.*, p. 331.

fériés, ou encore leur demander des travaux qu'ils ne sont pas en état de réaliser [122]. Le dommage causé à autrui constituerait avant tout un usage illicite (en plus d'être malhonnête) tandis que le travail les jours fériés et les travaux irréalisables pour les corvéables relèveraient plutôt d'une demande malhonnête de la part du seigneur.

Le président Bouhier évoque quant à lui la corvée qui consisterait « à envoyer dans son château les femmes et les filles de ses sujets, pour y faire des danses, ou autres choses pareilles » [123]. En l'occurrence, la corvée pourrait être regardée comme immorale. Par contre, la réponse est plus incertaine concernant la corvée qui consiste à nourrir les chiens de chasse du seigneur. Il s'agit d'une « obligation bien dure, et qui doit être difficilement admise. Cependant on ne peut pas dire, qu'elle soit malhonnête, ni illicite, ni qu'elle dût être condamnée, si elle était établie par une convention légitime » [124].

Ainsi, les conventions peuvent prévoir des corvées pénibles, puisqu'elles ont été conclues entre les parties. Il n'en serait pas de même si l'objet était prévu dans un titre, auquel le corvéable n'a pas pris part. Dans ce cas, le seigneur imposerait unilatéralement des corvées difficiles, ce qui pourrait être considéré comme malhonnête ; mais tout autre usage considéré comme honnête, licite et même moral et raisonnable, peut être prévu dans les titres. Si l'usage des corvées n'est prévu ni dans la convention (s'il en existe une) ni dans les titres valables, le seigneur devra indiquer dans sa demande quel sera l'objet des corvées qu'il exige. Et c'est à partir du contenu de cette demande que le contrôle de l'honnêteté et de la licité de l'usage pourra être effectué en cas de conflit.

Si l'usage des corvées demandées est malhonnête et/ou illicite, les corvéables ne seront pas tenus de les réaliser. Par contre, ils devront effectuer toutes les autres sortes de corvées, quelle que soit leur forme et quelle que soit leur dénomination.

§ 2 Variétés et dénominations des corvées en nature

En dehors du terme général de corvées, deux vocables sont couramment utilisés : il s'agit de « bians » ou « bans » et « arbans ». Les arbans sont « des corvées à bras, ou de bœufs ou de charrettes que les sujets tenant héritages, serfs et mortaillables doivent à leur seigneur » [125]. Marie-Louise Autexier, sur les corvées en Poitou, indique que les bians correspondent à toutes sortes de travaux agricoles, tels que les fenaisons, vendanges, moissons, ou encore coupe de bois [126], sans oublier l'entretien du château, et même les corvées de chasse : en Franche-Comté, certains corvéables doivent en effet « aller à la chasse aux loups » [127].

---

122 G.-M. Chabrol, *op. cit.*, p. 454.

123 J. Bouhier, *op. cit.*, p.331.

124 *Ibid.*

125 *Ibid.*, p. 50.

126 M.-.L. Autexier, *op. cit.*, p. 81.

127 J. Millot, *Le régime féodal en Franche-Comté au XVIIIe siècle*, Thèse de doctorat, Droit, Besançon, impr. De Millot Frères, 1937, p. 106.

Ces travaux, pour la plupart agricoles, ne sont pas exhaustifs et constituent seulement des exemples de ce qui est le plus couramment demandé aux corvéables, car aucune disposition ne limite les sortes de travaux qui peuvent leur être demandés (toujours dans la limite d'en faire un usage honnête et licite). L'exemple original le plus souvent cité est celui de la corvée qui consiste à faire taire les grenouilles pour la tranquillité du seigneur.

Le terme de « bohade », utilisé par exemple en Auvergne, désigne quant à lui des « corvées de charriage dues à raison des animaux possédés par les censitaires et des manœuvres ou journées d'hommes » [128]. Parmi les différentes formes de bohade, la vinade, « usitée surtout dans les montagnes occidentales de l'Auvergne » [129], se distingue par son objet particulier : elle consiste à « aller chercher la provision de vin du seigneur » [130].

Une situation particulière concerne les gens de métier. La coutume de la Marche prévoit notamment que les corvées pourront consister en la réalisation d'ouvrages particuliers, propres au métier du corvéable. « Un forgeron, un menuisier, un cordonnier, etc, doivent dans cette coutume, des corvées de leur métier, et ces corvées ne sont pas des travaux champêtres ou d'agriculture, au moins directement et par eux-mêmes » [131]. Par exception, ces catégories de personnes vont mettre leur talent au service du seigneur. Ainsi, par exemple, le menuisier pourra travailler le bois ou le cordonnier réparer des chaussures pour le compte du seigneur au titre des corvées qu'ils lui doivent.

Parfois, les coutumes prévoient quelles sortes de corvées sont dues. La coutume de la Marche dispose ainsi que le corvéable « qui tient héritage serf ou mortaillable, s'il a bœufs la plupart de l'an » est tenu d'aider « son seigneur d'une paire de bœufs, ou d'une charrette s'il l'a, au choix du seigneur, pour aller au vin ou vignoble » (article 136) et « tout homme tenant servilement son héritage, ou mortaillablement, doit faire pour chacune semaine à son seigneur le ban ou arban, c'est-à-dire une corvée à bras du métier qu'il sait faire » (article 134).

Lorsque la coutume ne contient aucune disposition et lorsqu'il existe des titres ou conventions, il convient de s'y référer. Ce n'est pas pour autant que ces documents ont une valeur absolue. « Quoique les titres d'un seigneur portassent qu'il lui serait du des charrois, si le corvéable n'avait que des bêtes de somme, le seigneur devrait s'en contenter. Il devrait même se contenter de corvées de bras si le corvéable n'avait pas de bête de somme » affirme Hervé [132]. En effet, c'est ce que prévoit la coutume d'Auvergne (article 19 chapitre 25). Il faudrait toutefois prévoir quel nombre de corvées de bêtes équivalent à des charrois et quel nombre de corvées à bras équivalent à des corvées de bêtes car « la journée d'un cheval de somme, ou la journée d'un homme ne peut pas équipoller à un charroi » [133] (les charrois sont des instruments de travail tractés par des animaux qui ont donc plus de valeur que de simples bêtes ou de simples corvées à bras). En résumé, les corvéables doivent en

128 F. Mège, *op. cit.*, p. 96.

129 *Ibid.,* p. 97.

130 *Ibid.*

131 F. Hervé, *op. cit.*, p. 413.

132 *Ibid.,* p. 439-440.

133 *Ibid.,* p. 440.

principe des charrois, ou à défaut des corvées avec des bêtes de somme, et s'ils n'en ont pas des corvées de bras. Mais d'autres titres peuvent contenir des dispositions différentes.

En l'absence de coutumes et de titres, le seigneur devra indiquer dans sa demande quelles sortes de corvées devront être réalisées, selon les moyens des corvéables [134]. Il ne peut pas, par exemple, exiger des corvées de bêtes si les corvéables n'en possèdent pas.

Section II.
Cas de conversion des corvées en argent

Le principe des corvées en nature n'exclut pas que, par exception, et dans certains cas particuliers, les corvées puissent être converties en argent. Comme il s'agit de dérogations, elles sont strictement encadrées et le seigneur ne peut « convertir les corvées en argent : et il ne faut pas suivre l'opinion » selon laquelle « le seigneur dans un cas de nécessité, devrait être reçu à demander cette conversion des corvées en argent, parce que la situation des affaires du créancier n'est pas une raison pour changer la nature des obligations de son débiteur » [135]. Le seigneur ne peut pas décider seul que les corvées seront dues en argent, mais il peut se mettre d'accord avec les corvéables pour que la redevance soit pécuniaire lorsque les corvées sont échues et ont été valablement demandées (§ 1). De même, les titres eux-mêmes peuvent prévoir que les corvées se feront en argent, avec éventuellement une option pour le corvéable entre la redevance en nature et la redevance pécuniaire (§ 2). Un troisième cas de corvées dues en argent concerne les corvées abonnées, c'est-à-dire les corvées devenues fixes et annuelles ; mais dans un tel cas, il ne s'agit pas d'une conversion des corvées en une redevance pécuniaire, puisque c'est par principe que les corvées abonnées sont dues en argent.

§ 1 Les corvées échues, demandées mais non exécutées

Le premier cas possible d'exécution des corvées en argent plutôt qu'en nature est celui des corvées échues et demandées. « Les seigneurs ne peuvent forcer les corvéables malgré eux à racheter les corvées en argent, ou en denrées » car « les corvées ne sont dues au seigneur, que pour son service, et en tant qu'elles lui sont nécessaires ; en sorte que n'en ayant besoin, il ne convient pas qu'ils en tirent de l'argent » [136]. Mais lorsque les corvées sont dues par les corvéables et que les seigneurs les ont valablement demandées sans qu'elles aient été exécutées, les parties peuvent se mettre d'accord pour que les corvéables payent une redevance en argent. Hervé pense l'inverse : en l'espèce, les corvées s'arréragent à cause de la négligence des corvéables, et « les arrérages en sont dus alors, en argent, et non en nature, à moins que le seigneur et les corvéables ne soient d'accord, pour faire en nature, celles qui se sont arréragées » [137]. Pourtant, le principe semble être celui de l'exécution en nature, même en cas d'arrérages, et il faut nécessairement l'accord du

---

134 Cf *infra* pp. 56-57.
135 F. de Boutaric, *op. cit.*, p. 365.
136 J. Bouhier, *op. cit.*, p. 338.
137 F. Hervé, *op. cit.*, p. 422.

corvéable pour une redevance en argent. La justification est simple : le principe reste l'exécution en nature pour laquelle un accord n'est pas nécessaire, alors que pour déroger au principe il faut par exception l'accord des parties, d'autant plus qu'une redevance pécuniaire n'est généralement pas favorable aux corvéables qui préfèrent réaliser des travaux.

La demande de conversion peut être faite par le corvéable si cela l'arrange (ce qui est très rarement le cas), à partir du moment où le seigneur l'accepte. Ou le seigneur peut demander l'équivalent de la corvée en argent, et le corvéable pourra accepter ou refuser. L'accord de conversion peut même concerner toute la communauté : « Rien n'empêche aussi qu'il ne se fasse un accord avec tous les justiciables, par lequel ils demeurent affranchis de la corvée, moyennant telle redevance » [138]. Le terme d'affranchissement est toutefois trompeur : les corvéables ne sont pas affranchis de leur obligation d'exécuter les corvées, ils sont seulement dispensés de la faire en nature contre une redevance pécuniaire.

La conversion peut donc se faire si les parties se sont mises d'accord, à la condition cependant qu'en «permettant aux corvéables de s'exempter de faire réellement la corvée dénoncée, moyennant de l'argent […] cela ne porte pas de préjudice aux autres corvéables » [139]. En effet, la dispense d'exécution des corvées en nature pourrait obliger les autres corvéables à exécuter plus de travaux. Or le président Bouhier rapporte un arrêt du parlement de Dijon de 1507 qui a défendu à la Dame de Branges de convertir certaines corvées en argent pour éviter de surcharger les corvéables qui ne bénéficieraient pas de cette conversion [140].

Il reste à déterminer l'estimation des corvées. Si les corvéables payent une redevance pécuniaire, à combien doit-elle s'élever ? En l'espèce, les corvées se sont, par exception, arréragées, et restent dues. L'estimation peut être prévue par les titres, et dans ce cas « il faut s'y conformer ; en observant néanmoins d'en évaluer le prix, non suivant la valeur présente de l'argent, mais selon qu'il valait au temps des titres » [141] selon un arrêt du parlement de Paris du 18 janvier 1582. En d'autres termes, il faut prendre en compte les variations de valeur monétaire. Si l'évaluation n'est pas prévue dans les titres, elle doit être faite par les prudhommes qui rendent un rapport au parlement, ou à défaut d'office par le parlement lui-même [142]. Mais dans ces cas d'évaluation par les prudhommes ou par la Cour, le choix doit être laissé au corvéable de payer l'estimation ou de faire la corvée en nature [143].

En plus de l'estimation de la corvée en elle-même, « il peut même être dû des dommages intérêts au seigneur, s'il prouve que le refus ou le défaut de faire les corvées qu'il a demandées, lui a causé quelque préjudice » [144].

---

138 G.-M. Chabrol, *op. cit.*, p. 455.
139 J. Bouhier, *op. cit.,* p. 339.
140 *Ibid.*
141 *Ibid.,* p. 340.
142 *Ibid.*
143 *Ibid.*
144 F. Hervé, *op. cit.*, p. 420.

Les titres peuvent prévoir que les corvées seront dues en argent, et indiquer en même temps leur évaluation. Parfois, ils laissent une option entre la réalisation en nature et la redevance pécuniaire. Qui doit alors choisir comment sera réalisée la corvée ? « C'est aux corvéables que le choix doit être donné, parce que dans les obligations alternatives, le choix appartient au débiteur » [145]. Un arrêt du parlement de Paris du 18 janvier 1582 a tranché en ce sens [146]. Comme pour le cas de conversion précédent, cette solution est justifiée par le fait que le seigneur a par principe un droit de corvées qui lui fait bénéficier de travaux en nature, et ce n'est donc que par dérogation que les corvées peuvent être remplacées par de l'argent. Cette dérogation doit être consentie par le corvéable et c'est à lui de choisir la forme qu'il préfère. Si le seigneur pouvait opter, il pourrait demander une redevance pécuniaire alors même qu'il n'aurait pas besoin de corvées en nature, ce qui serait préjudiciable aux corvéables [147].

Le choix revient donc au corvéable, sauf pour ce qui est de l'estimation si elle est prévue dans les titres. Le parlement de Paris, dans l'arrêt précité du 18 janvier 1582, réserve « au seigneur de faire payer les six deniers en monnaie forte, c'est-à-dire suivant ce que les anciens deniers pouvaient valoir du temps présent » car si la valeur monétaire a diminué entre le moment de la constitution du titre et la demande de corvées, « le droit du seigneur serait presque entièrement anéanti, si on suivait à la lettre ces estimations » [148]. Une fois encore, il faut tenir compte des fluctuations de la monnaie. Et en l'absence d'estimation dans les titres, la même solution que pour les corvées arréragées pourrait être retenue, à savoir une estimation par les prudhommes ou à défaut par le parlement lui-même. De la même façon, le corvéable pourrait rejeter l'estimation et décider de faire la corvée en nature.

Une fois la redevance pécuniaire payée, le corvéable est libéré de son obligation. Par contre, s'il doit la corvée en nature, la réalisation est plus complexe. La première difficulté concerne le déroulement de la journée.

---

145 F. de Boutaric, *op. cit.*, p. 365.

146 Rapporté notamment par J. Bouhier, *op. cit.*, p. 337.

147 Voir en ce sens F. Hervé, *op. cit.*, p. 439.

148 J. Bouhier, *op. cit.*, p. 338.

Chapitre II.

Déroulement de la journée de corvée

La corvée exécutée en nature par le corvéable peut prendre des formes variées déjà étudiées. Que les corvées soient réalisées avec des charrois, des animaux ou simplement avec ses bras, elles doivent être exécutées dans un lieu déterminé et indiqué au corvéable (section 1). Et la durée de la journée de corvée est globalement encadrée (section 2).

Section I.
Lieu d'exécution de la corvée

Le lieu d'exécution de la corvée peut être prévu dans les titres ou les conventions, et dans de tels cas il faut se référer à leurs dispositions. Bien sûr, il ne s'agit pas pour le seigneur d'envoyer le corvéable où bon lui semble, mais en la matière la liberté est relativement importante, à partir du moment où ces dispositions respectent les règles coutumières. A la lecture de ces coutumes, il se dégage un principe et une exception : par principe, la corvée doit se dérouler dans la seigneurie (§ 1) mais par exception, ou plutôt subsidiairement, elle peut être demandée hors la seigneurie (§ 2).

§ 1 Principe d'exécution de la corvée dans la seigneurie

Les corvées, en tant que droit de fief appartenant au seigneur, sont dues pour le bénéfice du seigneur, quand il en a besoin. Par conséquent, il paraît on ne peut plus logique que la corvée soit réalisée dans la seigneurie, c'est-à-dire dans les terres du seigneur. Si elles étaient exécutées hors la seigneurie, elles profiteraient à un autre seigneur.

Comme le précise Hervé, les corvées doivent être « acquittées dans la mouvance du fief, lorsqu'elles tiennent au fief ; et dans l'enceinte de la justice, quand elles sont un attribut de la justice » [149]. Il entend ainsi distinguer les corvées réelles, dues dans la mouvance du fief, des corvées personnelles, dues dans l'étendue du pouvoir de justice du seigneur. Or le pouvoir de justice du seigneur s'étend sur toute la seigneurie, et le fief fait partie de cette même seigneurie ; donc quelle que soit la nature de la corvée, elle doit en principe être exécutée dans la seigneurie.

« La plupart des auteurs paraissent le décider ainsi, et il semble que cet avis soit conforme aux maximes des fiefs ; car c'est ainsi que les tenanciers ne peuvent être obligés de porter hors la seigneurie le payement de la censive ou celui du champart » [150]. L'article

---

149 F. Hervé, *op. cit.*, pp. 433-434.
150 F. de Boutaric, *op. cit.*, pp. 365-366.

100 de la coutume de Poitou dispose en ce sens : « Quand aucun fonds est tenu roturièrement, le détenteur doit porter ou faire porter le cens, ou autres devoirs qu'il doit à son seigneur, à l'hôtel ou manoir dont la chose est tenue. Et s'il n'y a hôtel, les doit porter là où le seigneur a accoutumé recevoir les autres devoirs en la châtellenie, là où il fait sa demeurance, si c'est au dedans de la châtellenie ». Les corvées font partie des autres devoirs (comme l'indique l'article 99 de la même coutume) et elles doivent bien être réalisées dans la châtellenie, c'est-à-dire dans la seigneurie.

D'ailleurs, « les corvées dues à un fief, ne peuvent pas se transporter à un autre fief, quoique ces deux fiefs soient réunis » [151]. Cette affirmation s'appuie sur un arrêt du parlement de Bretagne du 14 juillet 1760. C'est toujours cette idée que la corvée doit être exécutée dans le lieu où elle est due.

Ce principe peut toutefois être mis à mal lorsque le lieu est déterminé dans le titre. Dans ce cas, « le seigneur ne peut pas imposer à ses corvéables l'obligation de travailler ailleurs. Il faut s'en tenir à la lettre du titre. Mais s'il est muet sur ce point, la règle est, dans ce cas, que régulièrement les corvées ne sont dues que dans les limites de la seigneurie » [152]. Dans le silence du titre, le principe reste donc l'exécution dans la seigneurie, mais il peut prévoir des dispositions contraires. De même, la possession est suffisante pour décider du lieu de réalisation des corvées, quand le droit de corvées est établi par un titre, comme l'affirme Hervé [153]. La possession pourra donc déroger à la règle du lieu d'exécution dans la seigneurie.

Ces exceptions doivent être expressément prévues, ce qui signifie que si aucune disposition n'établit le lieu de réalisation, celle-ci devra avoir lieu dans l'étendue de la seigneurie. Mais il existe d'autres exceptions plus importantes, et qui n'ont pas besoin d'être contenues dans des dispositions expresses, puisqu'elles sont évoquées par les coutumes.

§ 2 L'EXÉCUTION DÉROGATOIRE DE LA CORVÉE HORS LA SEIGNEURIE

Certaines coutumes prévoient que les corvées pourront être exécutées hors la seigneurie. C'est le cas de l'article 18 du chapitre 25 de la coutume d'Auvergne, qui dispose que les charrois, corvées et manœuvres sont dues « soit dedans la châtellenie ou dehors ». De même, l'article 135 de la coutume de la Marche prévoit que les corvéables sont tenus de faire les corvées (arbans) « soit en châtellenie ou dehors ». Pour citer un dernier exemple, l'article 339 de la coutume de Bourbonnais indique que le corvéable doit des corvées « où il plait au seigneur de l'employer en sa justice, ou hors ».

Cette possibilité de demander les corvées hors la seigneurie a été confirmée par le parlement de Paris, notamment par trois arrêts de 1674, 1689, et 1699 cités par Boutaric [154]. Cette solution s'explique par des raisons pratiques : le droit de corvées serait fortement limité si le seigneur ne pouvait l'exercer que dans sa seigneurie, alors qu'il peut ne pas y

---

151 F. Hervé, *op. cit.*, p. 435.

152 *Répertoire universel* de Guyot, *art. cit.*, p. 109

153 F. Hervé, *op. cit.*, p. 434.

154 F. de Boutaric, *op. cit.*, p. 366.

habiter et par conséquent avoir besoin des corvées en un autre lieu. De la même façon, il peut avoir besoin de transporter des marchandises hors de sa seigneurie ou d'en faire venir d'ailleurs. L'exemple le plus commun est la vinade : le seigneur demande aux corvéables de lui rapporter du vin. Ces derniers doivent donc se rendre en dehors de la seigneurie pour rapporter le vin dans la seigneurie.

Chabrol affirme ainsi que « le seigneur a droit d'employer les corvéables, ou dans sa terre même, ou aux environs » parce qu'il « doit être indifférent à des corvéables, de travailler dans la terre même ou ailleurs », et ce d'autant plus que « en travaillant hors la seigneurie, ils sont quelque fois plus près de leur habitation, que si on les envoyait sur les confins de la justice » [155]. En ce sens, et pour éviter les abus, les arrêts précités du parlement de Paris interdisent d'envoyer les corvéables « plus loin que de cinq ou six lieues » [156].

Le président Bouhier n'adhère pas à cette solution qui tend à limiter le trajet imposé aux corvéables pour se rendre sur le lieu d'exécution de la corvée. Selon lui, elle n'a été dégagée que sur le fondement de considérations particulières, et ne constitue pas une règle générale [157]. Par contre, concernant la possibilité en elle-même d'exiger des corvées en dehors de la seigneurie, il affirme que les arrêts du parlement de Paris ont voulu étendre ce principe aux coutumes muettes. Ainsi ne serait-il pas possible de demander des corvées en dehors de la seigneurie si la coutume prévoit expressément qu'elles doivent être exécutées dans la seigneurie, mais si la possibilité est prévue dans la coutume ou si cette dernière est muette, alors le seigneur aura le choix quant au lieu d'exécution.

Une fois le lieu d'exécution déterminé, les corvéables doivent s'y rendre pour exécuter la corvée. Encore faut-il savoir à quel moment de la journée commence la corvée et à quel moment elle prendra fin, et si le temps de trajet sera pris en compte dans sa durée globale.

SECTION II.
DURÉE DE LA CORVÉE

La durée de la corvée découle directement du lieu d'exécution. En effet, le corvéable ne mettra pas le même temps à se rendre dans un lieu situé à proximité de son domicile que dans un lieu plus éloigné. Pour autant, il existe une règle générale qui s'applique quel que soit le lieu d'exécution : la corvée ne peut s'étendre que du lever au coucher du soleil (§ 1). Par contre, une autre règle dépend du lieu d'exécution : c'est celle de la prise en compte du trajet et de la possibilité de rentrer chez soi le soir (§ 2).

§ 1 EXÉCUTION DE LA CORVÉE DU LEVER AU COUCHER DU SOLEIL

La coutume d'Auvergne prévoit une disposition expresse concernant la durée de la corvée. L'article 18 du chapitre 25 indique que les corvées doivent se « faire d'un soleil à

---

155 G.-M. Chabrol, *op. cit.*, p. 454.

156 *Ibid.*

157 J. Bouhier, *op. cit.*, p. 341.

autre » et ceci pour « ne pas excéder le corvéable » [158]. La coutume de Bourbonnais contient également des dispositions en ce sens aux articles 191 et 339. La plupart des auteurs en ont fait une règle générale, tel Henrion de Pansey : « les corvéables ne peuvent être contraints de travailler avant le soleil levé, ni après son coucher » [159]. La durée de la journée va donc dépendre de la saison, puisque le soleil ne se lève pas et ne se couche pas à la même heure tout au long de l'année. La limitation de la durée est donc fluctuante, puisque l'été, le soleil se lève tôt et se couche tard, ce qui fait que la journée de corvée pourra être beaucoup plus longue qu'en hiver.

Renauldon déduit de cette règle que « le seigneur ne peut pas contraindre les corvéables à lui rendre ce devoir pendant la nuit [...] à moins qu'il y en eût convention expresse dans le titre » [160]. L'interdiction faite aux seigneurs de demander à leurs corvéables de faire les corvées la nuit est incontestable, mais la dérogation possible dans le titre est plus discutable. Quand la coutume prévoit expressément que la corvée doit se faire la journée, un titre ou une convention particulière ne pourraient pas y déroger. A l'inverse, dans le silence de la coutume applicable, même si par extension on applique la règle générale de limitation de la corvée du lever au coucher du soleil, un titre ou une convention pourraient éventuellement y déroger.

« Par une suite du même principe, le seigneur ne peut obliger son corvéable à partager sa journée, en sorte qu'il en exige la moitié dans un temps et l'autre moitié dans un autre. Ce serait souvent lui faire perdre deux journées entières » [161]. Le seigneur doit demander à ses corvéables une journée entière de corvée, pour éviter de les faire venir pour quelques heures seulement, ce qui les contraindrait à revenir une autre fois pour les heures qui restent.

Finalement, « dans quelque temps que les corvées soient dues, la journée du corvéable ne doit pas excéder la mesure ordinaire d'une journée de travail, eu égard à la saison » [162] mais elle doit être demandée pour la journée entière. La liberté du seigneur est donc restreinte quant à la durée de la corvée qu'il peut exiger, mais faut-il tenir compte de la durée du trajet, et que se passe-t-il lorsque la corvée exigée dure plusieurs jours ? Les corvéables peuvent-ils rentrer chez eux, ou le seigneur doit-il les héberger ?

§ 2 PRISE EN COMPTE DE LA DURÉE DU TRAJET ET RETOUR CHEZ SOI LE SOIR

Pour commencer par la prise en compte du trajet, le principe est que si le corvéable doit effectuer un trajet de quelques minutes voire de quelques heures pour se rendre sur le lieu de la corvée, la durée de ce trajet doit faire partie intégrante de la journée [163]. Mais « si la distance était considérable, la plus grande partie, ou au moins une partie considérable de la

---

158 G.-M. Chabrol, *op. cit.*, p. 454.

159 *Répertoire universel* de Guyot, *art. cit.*, p. 109

160 J. Renauldon, *Dictionnaire des fiefs et des droits seigneuriaux utiles et honorifiques*, Paris, Knapen, 1765, p. 204.

161 Répertoire universel de Guyot, *art. cit.*, p. 109.

162 F. Hervé, *op. cit.*, p. 436.

163 En ce sens, F. Hervé, *op. cit.*, p. 436.

journée, pourrait être employée à aller et à s'en retourner » [164]. En effet, la corvée se limiterait alors à quelques heures de travail et perdrait, pour le seigneur, son utilité, et obligerait les corvéables à effectuer un long trajet pour peu de travail.

Ainsi, la durée du trajet est prise en compte dans la durée globale de la corvée quand elle est raisonnable, sans qu'il soit possible d'indiquer une délimitation précise entre un trajet raisonnable et un trajet trop important. S'il s'avère que le trajet est conséquent et pourrait nuire à la durée de la corvée, il ne doit pas être compris dans la durée de la journée, ce qui a une conséquence sur la possibilité qu'ont les corvéables de retourner chez eux le soir.

Sur ce point, il faut distinguer selon que la corvée dure un ou plusieurs jours. Si la corvée ne dure qu'une journée, « les corvéables doivent être renvoyés quand leur domicile n'est pas tellement éloigné qu'ils ne puissent servir la corvée tout le jour, et revenir ensuite chez eux » [165]. A l'inverse, si le domicile et le lieu d'exécution sont très éloignés, le seigneur devra les loger et les nourrir le soir et les laisser rentrer chez eux le lendemain.

Si la corvée dure plusieurs jours consécutifs (lorsque c'est possible [166]), la solution est la même. Si le trajet est raisonnable, les corvéables pourront rentrer chez eux le soir et revenir le lendemain. Mais si l'éloignement est conséquent, les corvéables ne peuvent rentrer chez eux ; « car serait-il juste que des habitants dont le domicile est à un certain éloignement, pussent en demandant d'être renvoyés tous les soirs chez eux pour revenir le lendemain, réduire le seigneur à ne profiter de leur service que pendant quelques heures de chaque jour » [167]? Dans ce cas, le seigneur peut retenir les corvéables le soir, et il a alors l'obligation de les nourrir et de les loger convenablement. Pour autant, selon Bouhier, il faudrait prendre en compte la durée du trajet en la déduisant du nombre global de corvées : « si un homme doit deux corvées, et qu'il emploie un jour pour aller, et pour revenir du lieu, où la corvée doit se faire, ce jour doit être compté pour une corvée […] ; et cela fut ainsi réglé par un arrêt du parlement de Paris du 22 août 1689 » [168].

En résumé, la journée de corvée s'étend du lever au coucher du soleil, avec la possibilité pour le corvéable de rentrer chez lui le soir si le trajet est court (et la durée de ce trajet sera prise en compte dans le durée globale de la corvée). Par contre, si le trajet est long , et/ou que la corvée dure plusieurs jours consécutifs, le seigneur pourra le retenir contre un hébergement et de la nourriture.

L'hébergement et la nourriture sont, en l'occurrence, des charges qui pèsent sur le seigneur. Il existe d'autres contraintes matérielles relatives à l'exécution de la journée de corvée, certaines pesant sur le seigneur alors que d'autres pèsent sur le corvéable.

---

164 *Ibid.*
165 F. de Boutaric, *op. cit.*, p. 361.
166 [Cf.] *supra* p. 36.
167 F. de Boutaric, *op. cit.*, p. 361.
168 J. Bouhier, *op. cit.*, p. 343.

Chapitre III.

Les contraintes matérielles

La réalisation de la corvée comprend de nombreuses contraintes, dont certaines ont déjà été étudiées (forme et délai de prévenance, lieu d'exécution, …). Deux contraintes particulières ont divisé les auteurs : ce sont des contraintes matérielles propres au déroulement de la journée. En effet, puisque les corvéables doivent une journée entière de corvées (voire plusieurs consécutives), se pose la question de savoir qui doit fournir la nourriture, tant pour les corvéables eux-mêmes que pour les animaux (section 1). La question concerne en l'occurrence le déjeuner (la question du dîner ayant déjà été abordée [169]). La deuxième interrogation porte sur la fourniture des instruments nécessaires à la réalisation de la corvée (section 2).

Section I.
La nourriture des corvéables et des animaux

Sur la question de savoir qui doit fournir la nourriture des corvéables et des animaux, la doctrine est divisée. Pour certains auteurs, la charge revient au seigneur, alors que pour d'autres, elle pèse sur les corvéables. Certains titres ou conventions particulières prévoient sur qui elle pèse, et dans un tel cas il n'y a pas de difficultés : il faut suivre ce qui est prévu dans le document concerné. Si rien n'est prévu, le principe dégagé par la doctrine majoritaire au regard de la jurisprudence du parlement de Paris est que la charge de la nourriture pèse sur le corvéable (§ 1). Ce principe est parfois remis en cause par des dispositions coutumières expresses qui prévoient quant à elles que c'est au seigneur de fournir la nourriture (§ 2).

§ 1 La nourriture à la charge des corvéables dans le silence des coutumes

Selon Hervé, « la règle générale est que les corvéables doivent se nourrir » [170]. Cette règle est admise par des auteurs tels que Lalande, Bacquet, Coquille ou encore Brodeau, qui « tiennent unanimement que le corvéable doit se nourrir » [171]. Cette position comble les lacunes de la coutume de Paris, qui reste muette sur cette question.

Cette position doctrinale s'appuie sur la jurisprudence du parlement de Paris. « Le parlement de Paris a jugé que le corvéable doit se nourrir à ses dépens. Brodeau en

---

169 Cf *supra* p. 51.
170 F. Hervé, *op. cit.*, p. 430.
171 *Répertoire universel* de Guyot, *art. cit.*, p. 111.

rapporte un arrêt du 23 décembre 1578, qui l'a décidé ainsi ; quoique l'on eût mis en fait, que les anciens seigneurs avaient accoutumé de fournir la nourriture, on pensa que c'était l'effet d'une pure courtoisie » [172]. Il existe cependant des exceptions qui font peser la fourniture de nourriture sur le seigneur. C'est notamment le cas lorsque le corvéable est indigent.

Selon la doctrine, le corvéable est par principe obligé de se nourrir car si c'était au seigneur de le faire, cela lui coûterait cher et diminuerait d'autant l'intérêt de la corvée. Et « puisque l'opinion la plus commune est, que dans les coutumes muettes, le corvéable lui-même ne doit pas être nourri aux dépens du seigneur, à plus forte raison il en est ainsi des bestiaux » [173]. Les corvéables doivent donc également fournir la nourriture pour leurs bêtes.

Cette solution s'applique donc dans le ressort du parlement de Paris, et par extension dans le ressort des coutumes muettes, mais il en va autrement dans le ressort des coutumes qui prévoient expressément une solution contraire.

§ 2 LA NOURRITURE MISE À LA CHARGE DU SEIGNEUR PAR LES COUTUMES

Plusieurs coutumes prévoient que le seigneur devra fournir la nourriture à ses corvéables. Une fois encore, la coutume d'Auvergne contient une disposition en la matière : le seigneur « est tenu leur administrer pain raisonnable pour la nourriture de l'homme, la journée qu'il fera ledit service » (article 19 chapitre 25). La coutume de Bourbonnais dispose également que « est tenu ledit seigneur, qui prendra ledit charroi ou corvée, nourrir ceux qui feront lesdits charrois ou corvées » (article 339). Dans le même sens, les coutumes de Bretagne (articles 87 et 88) et de la Marche (article 136) mettent à la charge du seigneur la fourniture de la nourriture.

Il est donc admis, dans le ressort de ces coutumes, que le seigneur doit fournir la nourriture, mais quelle nourriture ? La coutume d'Auvergne prévoit que le seigneur doit fournir le pain raisonnable alors que les autres coutumes ne précisent pas quelle sorte de nourriture et quelle quantité doivent être fournies aux corvéables. La coutume de la Marche n'indique qu'une « dépense accoutumée ». Selon Chabrol (sur la coutume d'Auvergne) « en réduisant cette obligation à la quantité de pain nécessaire pour la nourriture de l'homme, c'est lui imposer un jeûne au pain et à l'eau : la coutume, au moins, aurait dû exiger qu'on fournît de la soupe aux corvéables » [174]. La disposition de la coutume d'Auvergne constituerait en fait un minimum, applicable également dans le ressort des autres coutumes imprécises, qui n'empêche nullement le seigneur de fournir plus à ses corvéables.

Bouhier applique la même règle en Bourgogne, dans le silence de la coutume. Le seigneur doit, dans cette région, nourrir les corvéables et même les bestiaux. Il se réfère aux coutumes précitées pour étendre la règle à la Bourgogne [175]. Selon lui, le principe de droit romain qui veut que les corvéables soient dans l'obligation de se nourrir ne s'applique pas

172 G.-M. Chabrol, *op. cit.*, p. 463.
173 *Ibid.* pp. 464-465.
174 G.-M. Chabrol, *op. cit.*, p. 463.
175 J. Bouhier, *op. cit.*, p. 342.

car à Rome, les affranchis soumis aux corvées étaient riches tandis que dans le royaume de France, les corvéables sont relativement pauvres [176]. La faiblesse de cet argument peut être compensée par un autre argument, qui va lui aussi dans le sens de la non-application du principe romain : le droit romain ne s'applique pas dans les pays de droit coutumier, donc il n'y a aucune raison d'appliquer ce principe, d'autant plus que les corvées seigneuriales, dont il est ici question, ne sont pas l'équivalent des corvées imposées aux affranchis à Rome. Le parlement de Paris a pourtant mis la nourriture à la charge des corvéables, mais rien n'indique qu'il se soit fondé sur ce principe romain.

Le président Bouhier poursuit en posant une exception : si la corvée est réelle, la nourriture se retrouve à la charge du corvéable. « Car il trouve dans le produit des héritages, qui lui ont été délaissés à cette charge, de quoi se dédommager de cette nourriture » sauf si le corvéable est indigent et sauf s'il existe des titres contraires [177]. On revient donc dans ces cas au principe de la nourriture à la charge du seigneur.

Sur la coutume de Poitou, Jean Lelet tranche aussi en faveur du corvéable en mettant à la charge du seigneur la fourniture de la nourriture, sauf s'il existe un titre contraire [178]. Harcher rapporte d'ailleurs un arrêt qui a condamné le Duc de la Trémoille à fournir la nourriture aux corvéables et à leurs bêtes [179]. D'autres arrêts pourraient être cités en ce sens, « et il n'est rien de plus raisonnable, car à moins que d'être inhumain, on ne peut refuser la nourriture à ceux qui travaillent » [180].

Quant aux animaux, la solution varie. « L'usage [...] est que le corvéable conduit le foin nécessaire pour ses bestiaux » [181] selon Henrys, et en Auvergne, « l'esprit de la coutume n'a [...] pas été d'assujettir le seigneur a la fourniture du foin, et il n'en est tenu que dans les cas où c'est l'usage » [182]. Cependant, l'arrêt précité concernant le duc de la Trémoille a mis à sa charge la nourriture pour les animaux.

D'un côté, puisque la coutume ne précise pas que la nourriture des animaux est à la charge du seigneur alors qu'elle le précise pour la nourriture des hommes, les auteurs en ont déduit que la nourriture des bêtes reste à la charge des corvéables. D'un autre côté, la charge de la nourriture des animaux pourrait suivre celle de la nourriture des hommes (comme c'est le cas dans le ressort de la coutume de Paris et dans le ressort des coutumes muettes) et donc être à la charge du seigneur. La meilleure solution consiste à se référer aux usages (s'il en existe) et à défaut, la nourriture des animaux semble s'imposer au corvéable (puisque la coutume ne l'impose pas expressément au seigneur), d'autant plus que le corvéable doit nourrir ses animaux tous les jours, que la journée soit consacrée ou non aux corvées. Ce ne sera donc qu'exceptionnellement que le seigneur devra nourrir les bestiaux de ses corvéables.

---

176 *Ibid.*
177 *Ibid.*, p. 343.
178 J. Lelet, *Observations sur la coutume de Poitou*, Poitiers, chez la veuve de J.-B. Braud, 1710, p. 178.
179 J.-B.-L. Harcher, *op. cit.*, p. 129.
180 C. Henrys, *op. cit.*, p. 784.
181 *Ibid.*, p. 465.
182 G.-M. Chabrol, *op. cit.*, p. 464.

D'ailleurs, les corvéables sont-ils obligés de fournir des animaux, ou d'autres instruments, pour réaliser la corvée ? Et s'ils n'en ont pas, doivent-ils s'en procurer ou le seigneur doit-il leur en fournir ? Contrairement à la nourriture, la réponse à ces questions est on ne peut plus claire.

SECTION II.
LA FOURNITURE DES OUTILS ET INSTRUMENTS

Certaines corvées nécessitent l'utilisation d'instruments et d'outils, ainsi que des animaux. La doctrine est unanime sur la question de savoir qui doit fournir ces instruments: l'obligation de fournir les outils, instruments et animaux revient en principe aux corvéables (§ 1) sauf s'il existe des documents contraires (§ 2).

§ 1 LA FOURNITURE DES OUTILS ET INSTRUMENTS À LA CHARGE DU CORVÉABLE

La règle générale communément admise veut que « c'est aux corvéables à se fournir d'outils et instruments nécessaires, pour la corvée » [183]. Cette règle vaut aussi pour les animaux. Les coutumes sont silencieuses sur ce point, c'est pourquoi la solution a été dégagée par la doctrine, qui s'appuie sur plusieurs arguments.

Tout d'abord, si les outils, instruments et animaux étaient à la charge du seigneur, « le droit de corvée lui serait souvent nuisible ou embarrassant » [184]. Ce n'est donc qu'a contrario que la charge pèse sur les corvéables : puisqu'il serait désavantageux de faire peser cette charge sur le seigneur, elle pèse sur les corvéables. Le deuxième argument découle de la rédaction des coutumes. Un certain nombre d'entre elles prévoit que les corvées se feront avec des charrois, avec des bœufs ou avec d'autres bêtes si les corvéables en possèdent, et précisent que s'ils n'en ont pas ils devront faire les corvées avec leurs bras [185]. Cela implique que c'est bien aux corvéables de fournir les animaux et instruments s'ils en ont ; mais rien ne les oblige à en fournir s'ils n'en possèdent pas, et ce ne sera pas au seigneur de pallier cette carence. En cas de coutume obscure, Chabrol préconise de l'interpréter au regard des coutumes voisines, qui font peser unanimement la charge sur les corvéables, ce qui a pour conséquence d'étendre ce principe [186].

Harcher, sur la coutume de Poitou, donne quelques exemples d'instruments à fournir : « Les sujets qui font leur journée, sont obligés de porter les instruments et outils nécessaires pour leur travail ; comme pics, tranches, faux, coignées, etc. Les charretiers doivent avoir leur charrette en bon état » [187]. Cette liste est non exhaustive mais donne un aperçu des outils que les corvéables peuvent être amenés à fournir. Et si ces instruments se cassent, ils doivent les réparer. Le président Bouhier affirme en ce sens : si le corvéable

---

183 F. Hervé, *op. cit.*, p. 432.

184 G.-M. Chabrol, *op. cit.*, p. 465.

185 Voir notamment en ce sens l'article 19 chapitre 25 de la coutume d'Auvergne et l'article 339 de la coutume de Bourbonnais.

186 G.-M. Chabrol, *op. cit.* p. 465.

187 J.-B.-L. Harcher, *op. cit.*, p. 129.

« vient à les rompre, c'est à lui à les faire raccommoder à ses frais » [188]. Il en va de même si des animaux meurent : il ne sera dû aucun dédommagement au corvéable. Et selon Hervé, cette solution vaut même dans les endroits où le seigneur doit nourrir ses corvéables [189].

Cette charge qui pèse sur le corvéable peut toutefois être renversée pour peser par exception sur le seigneur. Sur ce point, il convient de se référer à ce qu'a pu écrire Chabrol.

§ 2 LA FOURNITURE DES OUTILS ET INSTRUMENTS À LA CHARGE DU SEIGNEUR PAR EXCEPTION

Comme tout bon principe, celui qui fait peser sur les corvéables la charge de fournir les outils, instruments et animaux nécessaires à la corvée connait des exceptions. Ces exceptions sont contenues dans des documents particuliers, tels que les terriers. Chabrol cite l'exemple des terriers de l'abbé de Menat de 1546 qui « l'assujettissent à fournir les charrettes, pain et autres choses accoutumées » [190]. De même, une convention ou une reconnaissance pourraient obliger le seigneur à fournir les instruments nécessaires, tout du moins dans les ressorts des coutumes muettes.

De nombreux conflits sont apparus sur l'interprétation des terriers, conventions, ou reconnaissances. Par exemple, un conflit opposait le marquis d'Ussel (en Auvergne) à ses corvéables. Le titre prévoyait que ces derniers devaient une bohade. Selon les corvéables, cela impliquait qu'ils ne devaient pas fournir de charrettes, puisque ce n'était pas préciser dans le titre. Des reconnaissances des seigneuries limitrophes ainsi que des certificats des fermiers attestaient en ce sens que les corvéables qui devaient des bohades n'étaient pas tenus de fournir les charrettes, et que par conséquent c'était au seigneur de s'en acquitter. La sénéchaussée de Guéret a tranché en ce sens par une décision du 7 septembre 1740. Par contre, plusieurs décisions concernant des vinades ont décidé que c'était aux corvéables de fournir les charrettes [191].

Les solutions dépendent donc des circonstances, du type de corvées demandées et de la clarté dans la rédaction des documents particuliers, mais il arrive exceptionnellement que ce soit au seigneur de fournir certains instruments.

Le régime juridique des corvées, tel que décrit dans cette étude, est complexe et parfois incertain. Il a connu des fluctuations tout au long de l'Ancien Régime, notamment au gré des arrêts des parlements qui ont pu opérer des revirements de jurisprudence (dont il n'a pas été question ici, l'idée étant de rendre compte de l'état de l'encadrement des corvées à la toute fin de l'Ancien Régime). Au delà de leur encadrement juridique, les corvées vont faire l'objet de vives critiques au XVIIIème siècle, ce qui va conduire à leur abolition (complexe elle aussi) sous la Révolution.

---

188 J. Bouhier, *op. cit.*, p. 338.
189 F. Hervé, *op. cit.*, p. 433.
190 G.-M. Chabrol, *op. cit.* p. 465.
191 *Ibid.* pp. 466-467.

CONCLUSION GÉNÉRALE

A la veille de la Révolution, le régime féodal s'est considérablement affaibli. Les droits féodaux et seigneuriaux ne pèsent pas plus lourdement sur les paysans sous le règne de Louis XVI qu'auparavant, au contraire. « Le régime féodal s'altérait lentement et les profits qu'il procurait étaient plutôt en régression » [192]. Globalement, les corvées sont demandées avec moins de rigueur, et si elles sont abonnées, leur montant est relativement modique. Mais elles apparaissent ignobles aux esprits des Lumières dont les idées se diffusent au XVIIIème siècle. Même si certains privilégiés continuent à penser que l'inégalité des conditions est un fait indéniable qu'on ne peut remettre en cause, de plus en plus d'esprits éclairés se prononcent en faveur de l'égalité de tous. Or les corvées sont un symbole de l'inégalité entre les ordres, puisque seul le tiers état y est soumis (la noblesse et le clergé bénéficiant d'exemptions ou de privilèges [193]).

C'est pourquoi « les paysans s'insurgèrent [...] pour secouer le fardeau qui, depuis des siècles, pesait sur eux » et « pour obtenir l'abolition de ces droits féodaux qui leur semblaient intolérables depuis que, par la diffusion des Lumières, ils en sentaient l'iniquité » [194]. Des jacqueries éclatent, et les cahiers de doléances réclament pour la plupart l'abolition du régime féodal. Pour ce qui est plus précisément de l'abolition des corvées, Marie-Louise Autexier donne un aperçu de ce que contenaient les cahiers du tiers état dans le Poitou :

> « Quelques cahiers réclament la suppression sans commentaires, comme à Caunay [...]. D'autres cahiers spécifient pourquoi ils désirent l'abolition de la corvée et du guet ; tantôt ces devoirs sont révoltants pour le commerce ou bien ils nuisent à la liberté, ou ils sont aussi odieux que la banalité ; tantôt ils se ressentent de la servitude personnelle, ou ils sont insupportables à un homme libre car les seigneurs en abusent alors qu'ils devraient appartenir seulement au Roi ; tantôt ils sont contraires aux lois de l'Etat ou ils tiennent encore à la barbarie du régime féodal, ou ils emportent souvent les jours les plus précieux aux travaux du Tiers. Ailleurs on réclame seulement le rachat de la corvée seigneuriale comme à Fors et Melle » [195].

Déjà, en 1776, Louis XVI avait supprimé la corvée royale. « Nous avons vu avec peine, qu'à l'exception d'un très petit nombre de provinces, les ouvrages de ce genre ont été, pour la plus grande partie, exécutés au moyen des corvées exigées de nos sujets, et même de la portion la plus pauvre, sans qu'il leur ait été payé aucun salaire pour le temps qu'ils y ont employé. Nous n'avons pu nous empêcher d'être frappés des inconvénients attachés à la nature de cette contribution » [196]. Cet édit aurait pu conduire à l'abolition des corvées seigneuriales, mais le pouvoir royal, frileux, n'a pas voulu déplaire à une noblesse qui n'a pourtant qu'un poids restreint. Dans le même sens, un édit de 1779 a supprimé la mainmorte et la servitude personnelle, mais seulement dans le domaine royal.

Il faut donc attendre les évènements révolutionnaires pour que la question de l'abolition des corvées seigneuriales soit abordée. Tout d'abord, devant l'Assemblée constituante, les

---

192 M. Garaud, *Le régime féodal en France à la veille de son abolition,* Paris, éd. CNRS, 1971, p. 111.

193 Cf *supra* pp. 29-30.

194 F.-A. Aulard, *La révolution française et le régime féodal*, Paris, Félix Alcan, 1919, p. 2.

195 M.-L Autexier, *op. cit.*, p. 85.

196 *Edit du Roi, par lequel Sa Majesté supprime les corvées, et ordonne la confection des grandes routes à prix d'argent, op. cit.*, p. 1.

privilèges sont remis en cause lors de la nuit du 4 août. Le Vicomte de Noailles propose la suppression sans indemnité des corvées seigneuriales, de la mainmorte et des servitudes personnelles [197]. Finalement, le décret du 4 août (adopté le 11 août et promulgué par le roi le 3 novembre) est une déception : il ne fait pas expressément référence aux corvées. La noblesse en a déduit qu'elles n'étaient que partiellement abolies. Selon elle, puisque le décret supprime la mainmorte et les servitudes personnelles, seules les corvées personnelles doivent être considérées comme abolies et par conséquent les corvées réelles sont maintenues [198].

Suite aux nombreux problèmes d'interprétation liés à ce décret, l'Assemblée constituante va nommer un comité féodal, chargé de déterminer les droits abolis sans indemnité et ceux qui pourront être rachetés. Parmi les membres de ce comité, Merlin de Douai préside l'une des deux sous-commissions. Dans son rapport du 4 septembre, il affirme :

> « L'objet de notre travail n'est pas équivoque. Les droits féodaux sont soumis indéfiniment
> à nos recherches et à notre examen ; et vous savez, Messieurs, que, quoique ces mots : *droits
> féodaux,* ne désignent, dans leur sens rigoureux, que les droits qui dérivent du contrat de fief et
> dont l'inféodation même est le principe direct, on ne laisse pas, dans l'usage, d'en étendre la
> signification à tous les droits, qui, se trouvant le plus ordinairement entre les mains des
> seigneurs, forment par leur ensemble ce que Dumoulin appelle *complexum feudale.* Ainsi, quoique
> les rentes seigneuriales, les droits de champart, les corvées […] ne soient pas à proprement
> parler des droits féodaux, nous ne laisserons pas de nous en occuper » [199].

Merlin de Douai entend donc résoudre la question de l'abolition des corvées. En attendant un éclaircissement, de nombreux corvéables refusent d'exécuter les corvées personnelles. Pour ce qui est du Doubs et de la région comtoise, Jean Millot rapporte l'exemple des habitants de Chenecey qui ont exigé du seigneur qu'il fournisse les titres pour vérifier « ceux desdits droits qui ont pour cause la mainmorte et la servitude personnelle et ceux qui n'y ont point rapport » [200]. Ainsi, pourront-ils déterminer quelles corvées sont personnelles et donc abolies et quelles corvées sont réelles et restent dues.

Certains corvéables vont même jusqu'à refuser d'exécuter toutes les corvées, quelles qu'elles soient. « Ainsi, le 9 novembre, les habitants de Corcelles décident de refuser aux dames d'Ounans (Jura) les quartes de four, dîmes, corvées de bras […] et la corvée de charrue, et ce « à la faveur des arrêtés de la Nation ci-devant relatés qu'ils pensent les a libérer de toutes les redevances, charges et servitudes » [201].

Les laboureurs et cultivateurs de la Haute-Marche (Creuse) vont même adresser des remontrances à l'Assemblée [202]. Ils affirment que les corvées imposées dans la coutume de la Marche sont des corvées personnelles, donc considérées comme abolies, et qu'elles

---

197 M. Garaud, *La Révolution et la propriété foncière*, Paris, Sirey, 1958, p. 179.

198 E. Sordet, *op. cit.*, p. 80.

199 A. Aulard, *op. cit.*, pp. 3-4.

200 J. Millot, *L'abolition des droits seigneuriaux dans le département du Doubs et la région Comtoise*, Besançon, impr. Millot Frères, 1941, p. 17.

201 *Ibid.* p. 24.

202 P. Sagnac, P. Caron, *Les comités des droits féodaux et de législation et l'abolition du régime seigneurial. 1789-1793*, Genève, Mégariotis Reprints, 1977, pp. 101-103.

découlent de reconnaissances qui « ont été extorquées dans le temps jadis, comme il est facile de la concevoir, et que cela est un restant de l'ancienne barbarie » [203]. Or Merlin de Douai, dans sa conclusion, a distingué les droits fondés sur des exactions ou des usurpations, qui doivent être abolis sans indemnité, des droits fondés sur la concession d'un fonds qui peuvent être rachetés.

Le décret des 15-28 mars 1790 est alors venu préciser quels sont les droits abolis purement et simplement et ceux déclarés rachetables. « Toutes les corvées, à la seule exception des réelles, sont supprimées sans indemnité ; et ne seront réputées corvées réelles que celles qui seront prouvées être dues pour prix de la concession de la propriété d'un fonds ou d'un droit réel » (article 27 titre II) [204]. Les corvées personnelles, qui sont présumées découler de la violence ou de l'usurpation, sont supprimées sans indemnité, contrairement aux corvées réelles, qui découlent d'une concession de fonds et sont déclarées de ce fait rachetables, à la condition que le seigneur apporte la preuve de la concession du fonds. Ce décret reprend donc *in fine* le précédent, tout en précisant que le seigneur doit prouver son droit de corvées réelles s'il veut en obtenir le rachat, ce qui n'empêche pas une méconnaissance de ses dispositions, ou parfois une mauvaise volonté dans son application.

Par exemple, lors d'une séance du directoire du département de la Loire Inférieure, tenue le 2 août 1790, le procureur général syndic évoque des actes qu'on est venu lui dénoncer : un ci-devant seigneur a exigé de ses anciens tenanciers qu'ils exécutent des corvées personnelles, pourtant abolies. « Toute corvée de cette nature est de la plus mauvaise espèce, et n'est point la corvée réelle que la loi a conservée, en la soumettant toutefois au rachat » affirme le procureur [205]. Cette affaire remontera jusqu'au Comité de féodalité. Ainsi, malgré la réitération des dispositions distinguant les corvées personnelles, abolies, des corvées réelles, maintenues mais rachetables, certaines corvées personnelles sont encore exigées.

Cet état de fait persiste, et les habitants de Peyrat, dans la Creuse, vont adresser des remontrances au Comité féodal le 14 novembre 1790 : le ci-devant seigneur de Saint-Maixant exige toujours des bouades et vinades [206]. Or, selon les terriers, ce sont des corvées personnelles. De tels conflits existent également dans d'autres régions, et dénotent une certaine réticence des ci-devant nobles à abandonner leurs anciens privilèges.

Au delà de la distinction entre les corvées abolies et celles qui ne le sont pas, un autre point pose difficultés : celle de la preuve que le seigneur doit rapporter pour prouver que les corvées qui lui sont dues sont des corvées réelles, donc rachetables. Des mémoires relatifs aux bians du Poitou ont été adressés au Comité sur cette question. Voici la réponse du Comité : « dans la coutume de Poitou, les bians dus pour raison d'un fonds doivent être considérés comme faisant partie de la convention individuelle ou coutumière de

---

203 *Ibid.* p. 103.

204 J.-B Duvergier, *Collection complète des lois, décrets, ordonnances, règlements, et avis du Conseil d'Etat*, Paris, A. Guyot et Scribe, 1834, Tome I, p. 119.

205 *Ibid.* p. 391.

206 *Ibid.* p. 451.

l'inféodation, et qu'au défaut de la représentation du titre conventionnel, la disposition de la coutume doit y suppléer pour conserver le droit au seigneur, lorsqu'il joint à son titre particulier ou coutumier une possession constante de quarante ans » [207].

Il reste encore à évaluer la valeur des corvées réelles. Des fermiers du prieuré de Bonnevaux ont vu leurs corvées être estimées ainsi : 300 corvées de bras, estimées 12 sols l'une, soit 180 livres ; corvées de charrue : 108 livres [208]. Mais cette estimation ne vaut que pour le cas d'espèce. Il n'existe pas une évaluation générale des corvées. L'évaluation se fait au cas par cas, d'où une certaine complexité. Et une abolition illusoire : très peu de tenanciers peuvent racheter les corvées réelles qu'ils doivent encore aux ci-devant seigneurs.

L'Assemblée législative, qui succède à l'Assemblée constituante, va aller plus loin par un décret du 18 juin 1792. Ce décret modifie les règles de preuve : le seigneur, pour prouver son bon droit, doit apporter les titres primitifs :

> Art. 1er. L'Assemblée nationale, dérogeant aux articles I et II du décret du 15 mars 1790, et à toutes les lois à ce relatives, décrète que tous les droits casuels, soit censuels soit féodaux, […] sous quelque dénomination que ce soit, qui se percevaient à cause des mutations qui survenaient dans la propriété ou la possession d'un fonds, […] sont et demeurent supprimés sans indemnité, à moins que lesdits droits ne soient justifiés par le titre primitif d'inféodation, d'ascensement ou de bail à cens, être le prix et la condition d'une concession du fonds pour lequel ils étaient perçus, auxquels cas lesdits droits continueront d'être perçus, et d'être rachetables [209].

Puis le décret des 20-25 août va simplifier le rachat des droits maintenus mais ne les supprime pas : les corvées réelles persistent donc. Il faut attendre la loi du 17 juillet 1793 pour que la féodalité et les droits seigneuriaux soient totalement abolis. L'article 1er dispose en effet que « toutes redevances ci-devant seigneuriales, droits féodaux, censuels, fixes et casuels, même ceux conservés par le décret du 25 août dernier, sont supprimés sans indemnité ».

Finalement, « les droits seigneuriaux, correspondant à une conception économique fondée sur la propriété privée et la hiérarchie sociale, ont été normalement adaptés à leur temps, jusqu'au moment où leur suppression en droit a sanctionné leur décadence de fait. C'est pourquoi il est vain de les juger avec l'esprit de notre époque » [210]. Pourtant, les corvées sont encore regardées aujourd'hui comme une servitude arbitraire. Cette étude aura pu permettre de montrer qu'il existait, sous l'Ancien Régime, un statut juridique relativement complet du droit de corvées (qui n'est certes pas toujours respecté), en dehors de toute approche subjective.

---

[207] Ibid. pp. 745-746.

[208] J. Millot, *op. cit.*, p. 105.

[209] J.-B Duvergier, *Collection complète des lois, décrets, ordonnances, règlements, et avis du Conseil d'Etat*, Paris, A. Guyot et Scribe, 1824, Tome IV, p. 256.

[210] J. Ramière de Fortanier, *op. cit.*, p. 387.

BIBLIOGRAPHIE

Textes législatifs

J.-B Duvergier, *Collection complète des lois, décrets, ordonnances, règlements, et avis du Conseil d'Etat*, Paris, A. Guyot et Scribe, Tome I, 1834.

Edit du Roi, par lequel Sa Majesté supprime les corvées, et ordonne la confection des grandes routes à prix d'argent, Paris, chez P. G. Simon, 1776.

Ordonnance de Blois, *Recueil des anciennes lois françaises, depuis l'an 420, jusqu'à la révolution de 1789*, Paris, Plon Frères, Tome XIV, [s.d.].

Ouvrages anciens

J. Boucheul, *Coutumier général ou corps et compilation de tous les commentateurs sur la coutume du comté et pays de poitou*, Poitiers, Jacques Faulcon, Tome I, 1727.

J. Bouhier, *Les coutumes du duché de Bourgogne*, Dijon, P. Desaint, Tome II, 1746.

N.-A. Boullanger, *Œuvres de Boullanger*, Paris, Chez J. Servières et J. -F. Bastien, Tome VII, 1792.

F. de Boutaric, *Traité des fiefs et des matières féodales*, Toulouse,G. Henault et J. -F. Forest, 1751.

P.-J. Brillon, *Dictionnaire des arrêts ou jurisprudence universelle des parlements de France*, Paris, Tome II, 1727.

G.-M. Chabrol, *Coutumes générales et locales de la province d'Auvergne*, M. Dégoutte, Riom, Tome III, 1784.

A. Chaumont de la Galaisière, *Mémoire sur les corvées*, [S. l.] [s. n.], 1785.

G. Coquille, *Coutume de Nivernais par Guy Coquille*, Paris, Henri Plon, 1864.

J.-B. Denisart, *Collection de décisions nouvelles et de notions relatives à la jurisprudence*, Paris, chez la veuve Desaint, Tome V, 1786.

F.-I. Dunod de Charnage, *Traité des prescriptions*, Dijon, A. de Fay, 1730.

C.-J. de Ferrière, *Dictionnaire de droit et de pratique*, Tome I, éd. 1771.

Guyot, *Répertoire universel et raisonné de jurisprudence*, Paris, 1784.

J.-B.-L. Harcher, *Traité des fiefs sur la coutume de Poitou*, Poitiers, J. Felix Faulcon, Tome II, 1762.

F. Hervé, *Traité des matières féodales et censuelles*, Knapen et Fils, Paris, Tome V, 1786.

J. Lelet, *Observations sur la coutume de Poitou*, Poitiers, chez la veuve de J. -B. Braud, 1710.

Encyclopédie méthodique, Liège, Panckoucke, Tome III, 1783.

Œuvres de M. Claude Henrys, Paris, M. Brunet, Tome I, 1738.

J. RENAULDON, *Dictionnaire des fiefs et des droits seigneuriaux utiles et honorifiques*, Paris, Knapen, 1765.

G. DU ROUSSEAU DE LA COMBE, *Recueil de jurisprudence civile du pays de droit écrit et coutumier*, Paris, Veuve Cavelier et fils, 1753.

E. le ROYER DE LA TOURNERIE, *Traité des fiefs à l'usage de la province de Normandie*, Paris, Valleyre, 1763.

R.-J. VALIN, *Nouveau commentaire sur la coutume de La Rochelle et du pays d'Aunis*, La Rochelle, R. -J. Desbordes, Tome I, 1761.

J. VIGIER, *Les coutumes du pays et duché d'Angoumois, Aunis et gouvernement de la Rochelle*, Angoulême, S. Reze et M. Puinesge, 1720.

Ouvrages modernes

F.-A. AULARD, *La révolution française et le régime féodal*, Paris, Félix Alcan, 1919.

G. CABOURDIN, G. VIARD, *Lexique historique de la France d'Ancien Régime*, Paris, Armand Colin, 3e éd., 2012.

M. GARAUD, *Le régime féodal en France à la veille de son abolition*, Paris, éd. CNRS, 1971.

M. GARAUD, *La Révolution et la propriété foncière*, Paris, Sirey, 1958.

X. LÉVRIER, *Les préjugés sur l'ancien régime. Les impôts, la dîme, les corvées*, Deuxième brochure. Impr. coopérative, Bordeaux, 1910.

F. MÈGE, *Charges et contributions des habitants de l'Auvergne à la fin de l'Ancien Régime*, Clermont-Ferrand, Ribou-Collay, 1898.

J. MILLOT, *L'abolition des droits seigneuriaux dans le département du Doubs et la région Comtoise*, Besançon, impr. Millot Frères, 1941.

P. OURLIAC, J. -L. GAZZANIGA, *Histoire du droit privé : de l'An mil au Code civil*, Paris, Albin Michel, 1985.

F. RAGUEAU, Glossaire du droit français, éd. 1882.

J. RAMIÈRE DE FORTANIER, *Les droits seigneuriaux dans la sénéchaussée et comté de Lauragais (1553-1789) : étude juridique et historique*, Toulouse, Marqueste, 1932.

A. RIGAUDIÈRE, *Histoire du droit et des institutions de la France médiévale et moderne*, Paris, Economica, 4e éd., 2010.

P. Sagnac, P. Caron, *Les comités des droits féodaux et de législation et l'abolition du régime seigneurial. 1789-1793*, Genève, Mégariotis Reprints, 1977.

Thèses et mémoires

M. -L. Autexier, *Les droits féodaux et les droits seigneuriaux en Poitou de 1559 à 1789*, 289 p., Thèse de doctorat, Droit, Poitiers, Impr. Lussaud, Fontenay-Le-Comte, 1947.

J. Millot, *Le régime féodal en Franche-Comté au XVIIIe siècle*, 237 p., Thèse de doctorat, Droit, Besançon, impr. De Millot Frères, 1937.

E. Sordet, *Les corvées dans l'agriculture française du Moyen Age à la Révolution*, 94 p., mémoire de DEA : histoire du droit, Université de Paris II Panthéon-Assas, Paris, 1994.

Actes de colloque et ouvrages collectifs

M. Bourin , P. Martinez Sopena (sous dir.), *Pour une anthropologie du prélèvement seigneurial dans les campagnes médiévales : XI-XIVe siècles*, Paris, Publications de la Sorbonne, 2004.

G. Brunel, « La France des corvées. Vocabulaire et piste de recherche » in *Pour une anthropologie du prélèvement seigneurial dans les campagnes médiévales : XI-XIVe siècles*, Paris, Publications de la Sorbonne, 2004.

Dictionnaires

Petit Larousse illustré 2013, v° corvée.

A. Rey (sous dir.), *Dictionnaire historique de la langue française*, Paris, Le Robert, Tome I, 2012.

TABLE DES MATIÈRES